奥田政行の
食材スーパーハンドブック

「おいしさ鮮度」がひと目でわかる天才シェフの目利き

野菜　果物　魚介　肉

はじめに

よい食材は、いつものメニューを格段においしいひと皿に変えてくれます。

山形県鶴岡市にある私の店「アル・ケッチァーノ」の1日は、食材を選ぶことから始まります。畑や市場へ行き、食べごろでおいしいと自己主張する野菜や魚を瞬時に選ぶのです。自分で納得のいく食材が手に入れば、あとはいかに手をかけずに皿に表現するか、そのことだけに集中します。仕入れたばかりの魚の切り身に、塩とオリーブオイルをかけただけ、という料理は、私の店では定番ですが、あまりのシンプルさに、初めてのお客様はみな驚かれ、ひと口食べて、その魚のおいしさにもっと驚かれます。料理の良し悪しを決めるのは素材そのもの。素材を生かす調理法、とよくいわれますが、ほんとうにおいしい食材には、調理法さえ必要ないのです。

畑や市場だから手に入るのか、というと、そうではありません。高級食材がいいのかといえば、それも違うと思います。よい食材は、私もよく利用する近所のスーパーマーケットにたくさんそろっています。

店をオープンしたばかりで経済的に余裕がなく、家族4人で1日の食費を700円と決めていた時期がありました。子どもが「ハンバーグが食べたい」と言えば、700円を持ってハンバーグの材料を買いに行くのですが、ただ買えばいいというワケではありません。ハンバーグのメイン食材はひき肉ですから、いかによいひき肉を選ぶかに集中します。ポイントは肉の色がピンクで脂分が少ないもの。ピンク色は鮮度がよく臭みが少ないので、ナツメグなどの香辛料も必要ありません。脂分は焼くと溶け出すという特

徴があるので、脂分が少なければ溶け出す量が減り、ハンバーグが小さくなるのを防げます。そうやってよいひき肉を購入できればひと安心。残ったお金で、タマネギやパン粉など、ほかに必要なものを買いそろえていけばいいのです。メニューを決めずに行くときもあり、その場合は旬の食材を選ぶようにしていました。特に魚や野菜は旬のものほどおいしいし栄養価も高く、しかも安く購入できるからです。

よい食材を選ぶと、ほかにもいいことがたくさんあります。新鮮なものほど食べられるところが多いのでゴミも減らせます。素材のうまみがいっぱい詰まっているので、調味料で味をごまかす必要がないし、素材そのものの味を知ることもできます。

皆さんにもぜひ、よい食材を選んでほしい。そう思い、私が日ごろやっている食材選びのポイントを本書にまとめてみました。ひと目でわかるよう「良い・悪い」の写真を大きく掲載、しかも携帯に便利なコンパクトサイズ。買いものをしながら実際に見くらべられるよう、いつもエコバッグに入れておいてください。

栽培方法や輸送技術が進歩したおかげで、生育状況のいい新鮮な食材を、いつでも手軽に購入することが可能になりましたが、それには正しい目利きが必要です。買いものに行き、食材選びに困ったときは、ぜひ、このハンドブックを活用してください。お金をかけて高級食材を手に入れなくても、いつもの料理は格段においしくなると思います。

C o n t e n t s

本書の特徴と使い方

本書は、買い物に携帯して、食材売り場でご活用いただける実用ハンドブックです。買い物の際に使い勝手がよいように、以下のような構成になっています。

旬のカレンダー

数字は月の表示。色のついている月がその食材の旬です。

※旬が年に２回以上あるものは複数か所、キャベツのように春、夏、秋、冬と年中旬がやってくるものはぜんぶ色がついています。

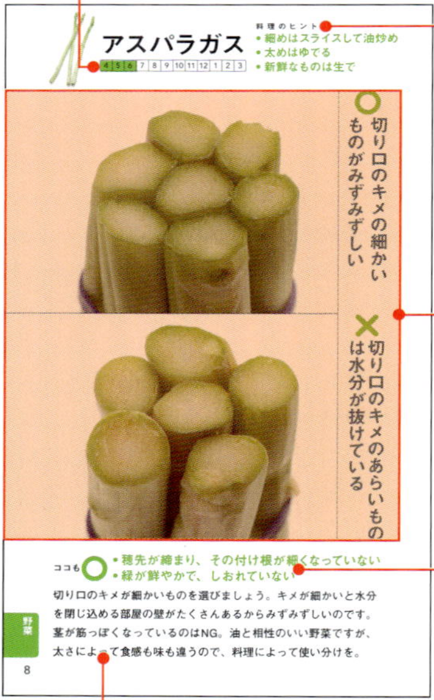

アスパラガス

4 5 6 7 8 9 10 11 12 1 2 3

料理のヒント

- 細めはスライスして油炒め
- 太めはゆでる
- 新鮮なものは生で

○ 切り口のキメの細かいものがみずみずしい

× 切り口のキメのあらいものは水分が抜けている

ココも○
- 穂先が締まり、その付け根が細くなっていない
- 緑が鮮やかで、しおれていない

切り口のキメが細かいものを選びましょう。キメが細かいと水分を閉じ込める部屋の壁がたくさんあるからみずみずしいのです。茎が筋っぽくなっているのはNG。油と相性のいい野菜ですが、太さによって食感も味も違うので、料理によって使い分けを。

野菜

8

料理のヒント

食材を、おいしく、有効に活用するヒントです。なかには奥田シェフならではのサプライズも。

一番の目利きポイント

一番わかりやすく、判断しやすいポイントを○×写真とシェフのコメントで掲載。

第二、第三の目利きポイント

さらに詳細に見くらべてみたいときはこちらを参考に。

シェフの解説

奥田シェフが体験し、蓄積してきた食材の特徴や食感、おすすめする調理の楽しみ方。

◆１ページに１食材。掲載の順番はジャンル別にアイウエオ順です。

◆売り場で実物の食材と比較しやすいよう、写真を大きく、ページの端に寄せて掲載。○×のコメントを併記。

野菜

と、キノコ

アスパラガス

4	5	6	7	8	9	10	11	12	1	2	3

料理のヒント

- 細めはスライスして油炒め
- 太めはゆでる
- 新鮮なものは生で

○ 切り口のキメの細かいものがみずみずしい

× 切り口のキメのあらいものは水分が抜けている

ココも○

- 穂先が締まり、その付け根が細くなっていない
- 緑が鮮やかで、しおれていない

切り口のキメが細かいものを選びましょう。キメが細かいと水分を閉じ込める部屋の壁がたくさんあるからみずみずしいのです。茎が筋っぽくなっているのはNG。油と相性のいい野菜ですが、太さによって食感も味も違うので、料理によって使い分けを。

ウルイ

4	5	6	7	8	9	10	11	12	1	2	3

料理のヒント
- ゆでて、おひたし
- スライスしてサラダやみそ汁

○葉がきれいな黄緑色

×濃い緑色は苦みが強い

ココも○
- 茎の部分が太い
- 葉に元気がある

山菜の一種ですが、ハウスでの促成栽培も盛んになり、店頭でもよく見るようになりました。ほろ苦さとぬめりが特徴で、茎が太くて葉がきれいな黄緑色をしているものが良品。栽培ものは程よい苦み、緑色が濃い天然ものはしっかりした苦みを楽しめます。

エダマメ

4	5	6	7	8	9	10	11	12	1	2	3

料理のヒント
- 古くなったらよく洗い、サヤのままみそ汁に

○粒がふっくら大きいもの

×粒が小さいと旨みも少ない

ココも○
- サヤが鮮やかな緑色
- うぶ毛がびっしり

粒が大きくそろっているほうが旨みもあります。また、うぶ毛がびっしりついているのは新鮮な印。枝から取るとどんどん鮮度が落ちるので、購入するときは枝つきをおすすめします。根っこに小さくて丸い粒（根粒菌《こんりゅうきん》）がついていると、なおいいですね。

エノキダケ

4	5	6	7	8	9	10	11	12	1	2	3

料理のヒント
- 太めのものは牛肉と
- 細めのものは豚肉と
- みそとの相性◎

○白くてハリがある

×褐色に変色している

ココも○
- 水っぽくないもの
- 袋がふくらんでいないもの

どんな食材と合わせても独特な食感と香りが楽しめる、という高級食材の方程式に当てはまり、私も大好き！　熱が加わってはじめて水分が出るので、購入時に水っぽいと調理したときに独特のシャキシャキ感が楽しめません。ミネラル類の含有量も豊富です。

エリンギ

4	5	6	7	8	9	10	11	12	1	2	3

料理のヒント

- オリーブオイルで素揚げにし、残ったオイルにパスタを入れて、ペペロンチーノに

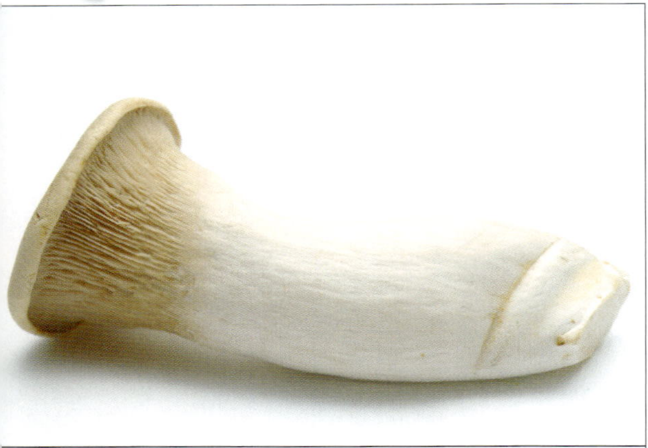

○ずんぐりしている

×ハリがなく細い

ココも○

- 軸が太くてしっかりしている
- カサのヒダがよくわかる

白いものほど新鮮。古くなるとカサのヒダから変色し、軸も色が変わります。ずんぐりしたものほど弾力があり、熱を加えてもシャキッとしているし、タテ・ヨコの切り方で食感の違いを楽しめます。アワビの食感と似ていて、貝と合わせるとおいしいですよ。

オクラ

4	5	6	7	8	9	10	11	12	1	2	3

料理のヒント
- サッとゆでて刻んで和え物
- 天ぷらに

○ 切り口が変色していない

× 全体的に黒ずんでいる

ココも○
- うぶ毛がびっしり
- 表面にでこぼこが少ない

大ぶりなものは皮や中の種がかたい場合もあるので、ハリとツヤのある、中くらいのものがいいでしょう。露地ものは７～８月が旬。独特の粘りには消化を助ける働きがあり、夏バテ防止にも効果的。緑色の濃いもののほうが、粘りが強いように感じます。

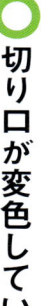

カブ

4	5	6	7	8	9	10	11	12	1	2	3

料理のヒント
- 根(白い部分)は煮物や漬物
- 葉は刻んでみそ汁、塩もみでサラダ

○ 茎の付け根がしっかり

× 傷みは旨みに欠け、スジっぽい

ココも○
- 根が白くて丸くハリがある
- 葉が枯れていない

茎の付け根が傷んでいたりスカスカしているものは、根の水分が抜けている場合が多いんです。付け根がしっかりし、根が白くて丸く、パンとハリのあるものが、水分も豊富で甘みもたっぷり。そこについている葉も栄養豊富。捨てずに使い切りましょう。

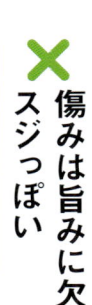

カボチャ

4	5	6	7	8	9	10	11	12	1	2	3

料理のヒント

- ゆでて皮がはがれたら、熱いうちにボウルに入れ、マヨネーズで和えてサラダ

○ 断面に白いスジがない

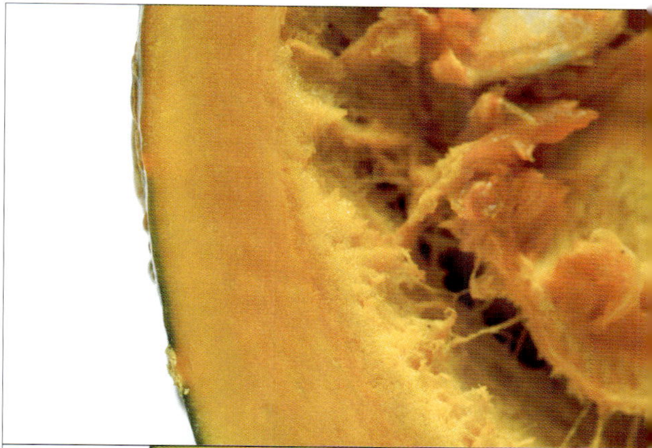

× 白いスジが多いと固い

ココも ○

- ヘタのまわりがくぼみ、ずっしり重い（1個丸ごと）
- 皮と実に境の色がない

カットものなら、タネの周りに果肉がびっしりついているほうが完熟し、甘くやわらかです。切り口に白いスジが多くカサカサしているのは甘みが少ない場合が多いですね。1個丸ごとの場合は、ヘタのまわりがくぼみ、持ったときに重みのあるものを。

カリフラワー

4	5	6	7	8	9	10	11	12	1	2	3

料理のヒント
- ゆでて味が濁ったときは隠し味にタバスコを少々

○ 色白で つぼみがいっぱい

× つぼみに隙間があると 味が落ちる

ココも○
- 変色していない
- カットものは断面に斑点などがないもの

白くて隙間なくぎっしり詰まったものが食べごろ。えぐみがなく、ゆでるととっても甘くなります。全体的に茶色に変わっているものは鮮度が悪いか、生育段階に問題があったと考えられます。ただし品種による色の違いもあるので考慮して購入してください。

キャベツ

4 5 6 7 8 9 10 11 12 1 2 3

料理のヒント
- さっとゆで、ビネガーをかけてサラダに

〇 身が詰まって重いもの

✕ 軽いものは旨みに欠ける

ココも〇
- カットものは断面が盛り上がっていないものを
- 春キャベツは葉の間に隙間があるものを

断面に変色がないものは新鮮で、身がぎっしり詰まっているものが良品。丸ごと購入するなら重いものを。ただし、春キャベツは葉が密集せず、ふんわりしているほうが甘くてやわらか。春キャベツは軽いものを、夏・秋・冬キャベツは重いものを選びましょう。

キュウリ

4	5	6	7	8	9	10	11	12	1	2	3

料理のヒント
- たたいたキュウリにオイルを合わせ、焼いた白身魚にかける

○トゲがちゃんとある

×トゲに元気がないのは古い

ココも○
- 切り口が黒ずんでいない
- 重くてハリがある

皮がツルンとした品種もありますが、一般的には新鮮なものほどトゲがしっかりしています。太さも均等なもののほうが、栄養がよく行き渡っています。曲がっていても品質には変わりありません。利尿作用があり、体の熱を取ってくれる効果があります。

ゴーヤー

4	5	6	7	8	9	10	11	12	1	2	3

料理のヒント
- サラダには黄緑色のもの
- チャンプルーには濃い緑色を

○ イボがしっかりしてハリのあるもの

× ハリがないのは古い

ココも○
- 全体が鮮やかな緑色
- 形ふっくら

細身なものより、ずんどう形でふっくらしているほうが、生育が順調だったものです。全体的にハリがなく、イボに元気がないものや、表面に黒い斑点があるものは、鮮度が落ちているので避けましょう。緑色が濃いものほど苦みが強く感じられます。

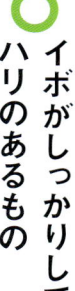

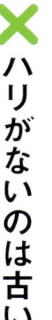

コゴミ

4	5	6	7	8	9	10	11	12	1	2	3

料理のヒント
- ゆでておひたしや和え物
- 天ぷらに
- 牛タンとの相性がよい

○ 先端の形がきれいな丸

× 先が開き気味なのは古い

ココも○
- しっかり太いほうが歯ごたえも楽しめる
- 切り口が変色していないもの

香りやクセがあまり気にならない山菜で、アクも少なく、ゆでるだけで食べられます。一般的に流通しているコゴミ（青コゴミとも呼ぶ）のほか、赤コゴミや一夜コゴミといった種類もありますが、数が少なく、なかなかお目にかかれない貴重品です。

ゴボウ

4	5	6	7	8	9	10	11	12	1	2	3

料理のヒント
- 牛肉と相性がいい
- すりつぶし、スープにするとたくさん食べられる

○ 断面に空洞のないもの

× 空洞があると味もスカスカ

ココも○
- まっすぐで、ひげ根がないもの
- 付着した土が乾いていないもの

断面に空洞があるものは、収穫から時間が経ったもの。また水分不足の土壌で育ったものも、中がスカスカで、風味に欠けます。皮にいちばん甘みが多いので、泥つきのものを購入し、泥をタワシなどで丁寧に洗い流し、皮はなるべく残すと風味が保たれます。

コマツナ

4	5	6	7	8	9	10	11	**12**	**1**	**2**	3

料理のヒント

- 貝と一緒に食べると旨み増大
- 油と相性がいい

○ 茎の根元がふっくらで根が大きい

× 根元が貧弱で白く筋ばっている

ココも ○

- 葉が丸に近くて色鮮やか
- 株全体が大きい

茎の部分が角ばっている（スジが立っている）ものは、苦みが強くて食べにくいので、できるだけラインが滑らかなものを選びましょう。アクが少なく、特にカルシウム含有量は野菜の中でもトップクラス。貝との相性がよく、お互いの旨みを引き立てます。

サツマイモ

4	5	6	7	8	**9**	**10**	**11**	12	1	2	3

料理のヒント
- ゆっくり時間をかけて中まで火を入れると、甘みが増す

○ずんぐりむっくり

×形がいびつ

ココも○
- ひげ根が少ない
- 黒ずみやキズがない

ずんぐりして丸みを帯びたものは、みずみずしくて甘いもの。また先端から蜜のようなものが出ているものも甘みがたっぷりある証拠です。形がいびつだと味も均等でない場合が多いので避けましょう。食物繊維やビタミンCが豊富に含まれています。

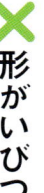

サトイモ

4	5	6	7	8	9	10	11	12	1	2	3

料理のヒント
- ゆっくり煮ふくめると、より甘く、粘りも出る

○ 帯模様がきれい

× 生育不良は帯模様がよく見えない

ココも ○
- おしりがフカフカしていないもの
- 皮にキズや芽のないもの

皮の帯模様が、木星のようにきれいなものが良品です。調理に手間はかかりますが、できれば泥つきのもののほうが、日持ちがよく風味も保たれます。栄養豊富で食物繊維も多く、意外に低カロリー。いも類の中ではいちばんダイエット向きだと思います。

サヤインゲン

4	5	6	7	8	9	10	11	12	1	2	3

料理のヒント

- 食感を楽しむなら、すごくしょっぱい湯でサッとゆでる

○ 細くて濃い緑色

× デコボコはタネがかたい

ココも○

- サヤの先までピンとしている
- 皮が薄くてハリがある

まだらな黄緑色のものは、日当たりが悪く、水分も十分でないところで生育したと考えられます。また、デコボコしているのはタネが大きくてかたいので、おいしくありません。ハリがあって、細くてまっすぐなものが、旨みもたっぷりな良品です。

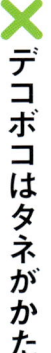

サヤエンドウ

4	5	6	7	8	9	10	11	12	1	2	3

料理のヒント
- 良品はサッとゆでる
- かたいものはみそ汁で

○ 豆が小さくて薄い

× 豆が大きく、皮が厚い

ココも○
- 先端のひげが白くてピンとしている
- 緑色が鮮やか

豆が小さく並び、皮も板のように薄いものが、甘くてみずみずしい良品。豆がしっかり育ってしまったものは豆や皮のかたさが強調され、甘みをあまり感じませんが、みそ汁に入れるとおいしくいただけます。肉厚な皮がおいしいスナップエンドウは仲間です。

シイタケ

4	5	6	7	8	9	10	11	12	1	2	3

料理のヒント

- 弱火で焼いて水分を抜くと、いい味が染み出す

○ カサの表面にスジの気配

× カサに勢いが感じられない

ココも○

- 全体が乾いていて肉厚
- 軸が太くて短いのが理想的

カサの表面が、スジが入りそうなほどハリがあり、カサの裏側も白いものが、香りのよい良品。カサにシミのような模様があるのは、途中で濡れたり重みが加わったなどが考えられ、傷みが早いです。茶色が濃いと、煮たときにトロミが多くなります。

シシトウ

4	5	6	7	8	9	10	11	12	1	2	3

料理のヒント
- 油で炒めて
- 天ぷらで
- 素揚げし、煮びたし

○ 濃い緑色でデコボコ

× 黄緑色は味が弱い

ココも ○
- ハリとツヤがあるもの
- 先端のくびれがはっきりしている

トウガラシの仲間で辛みが少なく小型です。正式名はシシトウガラシ。油との相性はバツグンで、緑色が濃くてデコボコで、先のくびれがはっきりしているほうが、本来の苦みを楽しめます。調理の際、楊枝などでいくつか穴を開けるとバクハツしません。

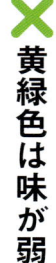

シソ

4	5	6	7	8	9	10	11	12	1	2	3

料理のヒント
- 天ぷらにするとカロテンが逃げない

○ 葉が盛り上がっている

× 盛り上がっていないのは生育不良

ココも○
- 葉が全体的に丸く、葉先がピンとしている
- 緑色が濃くてツヤがある

大葉、青ジソとも言いますね。カロテンが豊富で、香り成分には防腐作用もあるので、より香りのいいものを。日持ちせず、すぐに黒い斑点が出てきます。鮮度のよいうちに使い切りましょう。しなびたら細くカットして氷水にさらすとシャキッとします。

ジャガイモ

4	5	6	7	8	9	10	11	12	1	2	3

料理のヒント
- 男爵はサラダや粉ふきいも
- メークインは煮物

○表面がなめらか

×穴が多いと、芽も多い

ココも○
- 大きすぎないもの
- 持ったとき重みがあるもの

表面のデコボコから芽が出るので、できるだけ穴が少なく、キズのないものを選びましょう。また、付着した土がおうど色で、ふっくらとした形のものが良品です。熱を加えると、男爵はホクホクッと崩れやすくなりますが、メークインは煮崩れません。

シュンギク

4	5	6	7	8	9	10	11	12	1	2	3

料理のヒント
- レバーと一緒に油炒め
- カキと相性バツグン！

○ 葉に勢いがある

× 元気がないと、傷みやすい

ココも○
- 香りの強いものが新鮮
- 葉に黒い変色のないもの

茎が太すぎず、やわらかいほうが料理には適しています。また、鍋物には葉の色の濃いもの、バター炒めやおひたしなどサッと火を通す場合は葉の色の薄いもの、と使いわけをおすすめします。すぐに葉先が黒くなるなど、傷みやすいので気をつけましょう。

ショウガ

4	5	6	7	8	9	10	11	12	1	2	3

料理のヒント

- コップ1杯のC.C.レモンと一緒にミキサーにかけて、焼肉のタレに

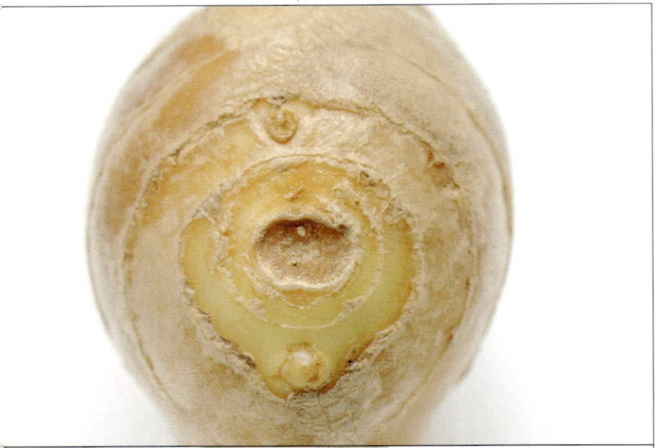

○形がふっくら

×細身はスジが多い

ココも○
- かたいもの
- 表面にキズがないもの

薬効が高く、おろしショウガの飲み物は冷え性などにも効果があるとして大注目ですね。魚の生臭さを消す消臭作用や、食欲増進の効果もあります。丸いのは生育が順調だったもの。細いとスジが多く、調理するのも大変。私はおうど色のものが好きですね。

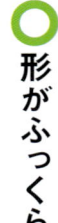

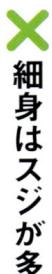

ズッキーニ

4	5	6	7	8	9	10	11	12	1	2	3

料理のヒント
- イカと一緒に油炒め

○ お尻の輪が小さいと実のキメが細やか

× お尻の輪が大きいと歯ごたえが悪い

ココも○
- 皮に弾力とハリがある
- 太すぎず、大きすぎず

お尻の輪が小さいほうが、実のキメが細かく、おいしいところが多くなります。長さは18～20㎝ぐらいがちょうどよい大きさ。成長しすぎると、スカスカしておいしくなくなります。ずんどう形で、タテにして見たとき、きれいな六角形は良品の印。

セリ

4	5	6	7	8	9	10	11	12	1	2	3

料理のヒント
- 葉は刻み、素揚げしたエビにかける
- 根は鍋物や炒め物

○根が太く、茎がきれい

×茎の枝分かれは生育不良

ココも○
- 茎が乾いていない
- 葉が元気で形が丸に近い

茎を見ると、途中で枝分かれしているものがあります。これは、生育が不十分で根も細いもの。根が細いと枝が分かれ、味と香りも薄くなります。生育がよくて根が太いと枝分かれせず、味も香りも独特の食感も楽しめます。ただし野ゼリは異なります。

セロリ

4	5	6	7	8	9	10	11	12	1	2	3

料理のヒント
- 茎はスライスして汁物や刺身に
- 葉は刻んでスープに

○スジが太くシワが少ない

×シワが多いとパサパサ

ココも○
- 葉がシャキッとしている
- 葉の色がきれいな黄緑色

スジが太いほうがセロリ特有の味を楽しめます。シワが多いのは水分が抜けてパサパサ。茎が白いとやわらかいところが多く、甘みもあります。茎を薄くスライスして汁物に入れると味が透き通っておいしくなり、刺身に添えると生臭さを消してくれます。

ソラマメ

4	5	6	7	8	9	10	11	12	1	2	3

料理のヒント
- ゆですぎ禁物、目安は2分
- ゆでずに天ぷらもおすすめ

○サヤにハリがある

×サヤの黒ずみは鮮度が悪い

ココも○
- サヤの緑色がきれい
- 豆の大きさがそろっている

サヤから出した途端、どんどん鮮度が落ちます。サヤ入りで購入し、ゆでる直前にサヤからはずしましょう。ハリがあって豆の大きさがそろっているものは順調に生育した良品。サヤからはずした豆を購入する場合は、表面が黒くなく、ふっくらしているものを。

ダイコン

4	5	6	7	8	9	10	11	12	1	2	3

料理のヒント
- 魚を煮るとき一緒に入れると、魚の臭みを消してくれる

○毛穴がまっすぐなもの

×らせん状は辛みが強い

ココも○
- ひげ根が少ない
- 全体的にハリがある

小さい穴がまっすぐ並んでいるほうが、甘くてみずみずしい。葉付きは葉の緑色が鮮やかで黄ばんでいないものが新鮮。購入後、すぐに葉を切り落とすと根の水分が保たれます。穴がらせん状（昔の遺伝子を引き継いだ大根）のものは煮込み料理には最適。

タケノコ

4	5	6	7	8	9	10	11	12	1	2	3

料理のヒント
- やわらかい穂先は汁物やご飯に
- かたい根元は煮物。豚肉と相性がいい

○根元のボツボツの色や並びがきれい

×ボツボツの色が黒いのは古い

ココも○
- 小型かつずっしり重い
- 切り口がなるべく白いもの

鮮度が命！「朝取り」の表示は大きなポイントです。また購入後すぐ、たっぷりの水にひとつかみの糠《ぬか》とタカノツメ１本を入れ、皮つきのまま竹串がスッと入るまで下ゆでします。私は皮をむき塩を入れた湯でゆで、氷水につけます。不思議と甘くなるんです。

タマネギ

4	5	6	7	8	9	10	11	12	1	2	3

料理のヒント

- 新タマネギはスライスして水にさらし、アンチョビをかけてサラダに

○ 頭がかたい

× 頭フカフカは傷んでいる

ココも○

- 身がかたくて重い
- 表面にキズがなく、乾いている

頭のほうから悪くなっていきます。頭がフカフカしているものは、中も傷んでいる可能性があります。頭も身もしっかりかたく、全体的にハリがあるものがいいですね。春先に出回る、甘みの多い新タマネギは、特に傷みが早いので気をつけましょう。

タラノメ

4	5	6	7	8	9	10	11	12	1	2	3

料理のヒント
- 天ぷらにして、オレガノをふる

○ 根元が茶色になっていない

× 根元が茶色のものは古い

ココも○
- 芽が伸びていないもの
- ずんぐり太いもの

栽培技術が進んで、長い期間、容易に手に入るようになりました。根元がきれいで変色していないものが新鮮です。身がずんぐりかたいものは順調に成長した良品。芽が伸びていないものは甘く、伸びているものは苦みが強いので、天ぷらにするときはお好みで。

チンゲンサイ

4	5	6	7	8	9	10	11	12	1	2	3

料理のヒント
- 油で炒めてコンソメスープなどの汁物に

○ 根元がずんぐり

× 根元が細くハリがないと味も食感も力強さに欠ける

ココも○
- 葉が鮮やかな黄緑色
- 葉に元気があってしおれていない

カロテンやビタミンC、鉄分なども含まれています。茎の下のところにハリがあり、肉厚でずんぐりしているほうが、独特の甘みと食感を楽しめます。緑色が濃すぎるものはかたくて調味料がなじみにくいので、苦みだけが強調されてしまいます。

ツルムラサキ

4	5	6	7	8	9	10	11	12	1	2	3

料理のヒント
- 油で炒め、サラミと合わせる

○葉が肉厚で緑が濃い

×葉の色が黄色いのは古い

ココも○
- 根の切り口がきれいなもの
- 葉の色がきれいな緑色

葉がいきいきし、適度にやわらく、鮮やかな緑色のものが良品です。泥臭いと敬遠する人もいますが、炒めると食べやすくなります。葉の色が黄色いのは、生育段階の水分不足と、収穫後の高温障害が考えられ、ゆでても炒めてもおいしくはなりません。

トウモロコシ

4	5	6	7	8	9	10	11	12	1	2	3

料理のヒント

- セロリとアサリのだしで粒を煮て、ミキサーにかけポタージュスープに

○ヒゲが太くて、みずみずしい緑色

×古いものほどヒゲが乾いている

ココも○
- ずんぐりむっくり
- 実が先まで詰まってふっくら

収穫直後から鮮度が落ちるので、できるだけ皮つきのものを購入しましょう。調理の直前に皮をむくのが原則です。ヒゲを切ってある場合はみずみずしい緑色のものがいいですね。長いヒゲつきの場合は、茶褐色でフサフサしているものが熟した良品です。

トマト

4	**5**	**6**	**7**	**8**	9	10	11	12	1	2	3

料理のヒント
- よく切れる包丁でスパッと、がおいしい切り方
- トマトソース用には高温の油で炒める

○お尻がとがっている

×平らは味に勢いがない

ココも○
- スジ入りは生命力が強い
- 触って手にまとわりつく感じは糖分が多い

お尻がとがっているものと実にスジが入っているものは、酸味も旨みも十分。また良い環境で熟してから収穫されたものは、ヘタもいきいきしています。糖分も多く、手でこするとまとわりつく感じがします。持ったとき、重みのあるものはとてもジューシー。

ナス

4	5	**6**	**7**	**8**	**9**	10	11	12	1	2	3

料理のヒント

- 素揚げして、冷たいブイヨンに入れて、洋風煮びたし

○黒光りし、むっちり

×色が薄く輝きがない

ココも○

- ヘタが黒く、トゲがとがっている
- 表面の光沢にムラがない

黒くて光沢があって、表面がツルッとしているのは、太陽の光をいっぱい浴びてすくすく育った良品です。黒いヘタがしっかりつき、あたると痛いくらいトゲがとがっているものは新鮮です。いい状態のものは、指でピ～ンと弾くと、太鼓のような音がします。

ナノハナ

4	5	6	7	8	9	10	11	12	1	2	3

料理のヒント
- ゆでて、カニと合わせたサラダ

○つぼみがぎっしり

×花が咲き始めると味が落ちる

ココも○
- 葉や茎がみずみずしい
- 緑色が鮮やか

紙にくるんで販売している穂先だけを摘んだ短いものは、つぼみの形がきれいで、ぎっしり詰まったものを選びましょう。長い場合は葉や茎がみずみずしいものを。根元の切り口がなるべくきれいなものもいいですね。いずれも花が咲く前が食べごろです。

ニラ

4	5	6	7	8	9	10	11	12	1	2	3

料理のヒント
- 鶏肉と一緒にしゃぶしゃぶ

○ 根元を見て、茎がふっくら

× 茎のつぶれはシャキシャキしない

ココも○
- 葉先までピンとしている
- 全体が濃い緑色

茎がふっくらしているものは甘みが多く、シャキシャキ感も楽しめます。太すぎるのは育ちすぎが考えられ、味も大味でかたくなっています。また、葉先が黄色いものは古いもの。緑色の濃いほうが、ニラらしいですね。ただし黄ニラは例外です。

ニンジン

4	5	6	7	8	9	10	11	12	1	2	3

料理のヒント
- 厚さ1.5㎝の輪切りにし、両面それぞれ3分30秒焼くと、とても甘くなる

○ 切り口の芯が小さい

× 芯が太いと甘いところが少ない

ココも ○
- 芯が真ん中にあるほうが中まで甘い
- 表面がなめらか

芯が小さく、ずんぐりした形のものが良品です。一年中購入できますが、秋までが食べごろ。カロテンやビタミンCなどの栄養成分がたくさん含まれた葉付きを購入するときは、葉が元気なものを選び、購入したらすぐに葉を切って保存しましょう。

ニンニク

4	5	6	7	8	9	10	11	12	1	2	3

料理のヒント
- ジャガイモと一緒にオリーブオイルで炒め、180度のオーブンで30分

〇 うす皮が白くツヤがあり、形はずんぐり

× 黄色い変色は古い証拠

ココも〇
- 1粒が大きい
- 粒がしまっている

変色したり、うす皮がむけているものは避けましょう。先端がよく締まり、形は不ぞろいでも、1粒がなるべく大きいものが◎。お尻の輪郭が小さいものはキメが細かく、大きいものはキメは粗いのですがニンニクパワーが大。6粒入りのものが最高！

ネギ（万能ネギ）

4	5	6	7	8	9	10	11	12	1	2	3

料理のヒント
- ポン酢にぴったり
- 余ったら汁物や炒めものに

○根元が丸くて太い

×根元が細いと風味も弱い

ココも○
- 緑色が濃いほうが風味が強い
- 根元がつぶれていない

小ネギ、とも言いますね。根元がどっしりしていて、根の感じも勢いのあるものが新鮮です。葉がつぶれているのは、箱の下のほうだった…などが考えられるので避けましょう。切るときは包丁を滑らせ、つぶさないようにすると、旨みも食感も味わえます。

ネギ（長ネギ）

4	5	6	7	8	9	10	11	12	1	2	3

料理のヒント
- 洋風料理のだしを取るのも、長ネギがいちばん！

〇 葉の中に、ぬめりが多い

× ぬめりが少ないとかたくて甘みも少ない

ココも〇
- 触ったときスカスカ感がないもの
- 表面が乾いていないもの

青い部分をのぞいてみてください。中に水分の幕のようなものが、あるものとないものがあります。触るとヌルヌルするのですが、それこそがネギの甘み成分。このぬめりがたっぷり入っているものほど、甘くてやわらかい良品、という証拠です。

ハクサイ

4	5	6	7	8	9	10	11	12	1	2	3

料理のヒント
- ベーコンと一緒にクリーム煮
- 中央の芯の部分はやわらかいのでサラダもOK

○断面が平らなもの

×時間が経つと断面が盛り上がってくる

ココも○
- 外側の葉が元気できれいで、中は黄色
- ずっしり重みのあるもの

カットものを購入するときは、断面が平らで変色がなく、外側の葉が元気なものを選びましょう。断面が盛り上がっているのは、切ってから時間が経ったものです。１個丸ごと購入するときは、やはり外側の葉が元気で緑色がきれいなものがいいですね。

ピーマン

4	5	6	7	8	9	10	11	12	1	2	3

料理のヒント

- 生で食べるときは薄く切ると甘く、厚く切ると苦い

○ハリと弾力がある

×スカスカしてやわらかいものは古い

ココも○

- ヘタの切り口がきれい
- キズや変色がないもの

皮にハリと、しっかりした弾力があり、肉厚に感じるものが良品です。ヘタのところから水分が抜け、鮮度が悪くなっていくので、ヘタの部分もチェックしましょう。また、表面にキズや黒ずみのないものを。へこみはそう気にする必要はありません。

フキノトウ

4	5	6	7	8	9	10	11	12	1	2	3

料理のヒント
- つぼみは汁物やパスタ
- やや葉の開いたものは天ぷらに

○ ふっくらしたつぼみ

× 葉の開きすぎは苦みが強い

ココも ○
- つぼみがしっかりかたい
- 外側の葉が乾いていない

つぼみがふっくら膨らみ、軽く触ってかたいものは、旨みがギュッと詰まっています。外側の葉が乾いていないものもいいですね。天ぷらのときは葉が少し開いているほうが、独特の苦みと相性のいい衣の面積が多くなり、春の香りをいっそう楽しめます。

ブナシメジ

4	5	6	7	8	**9**	**10**	11	12	1	2	3

料理のヒント
- 汁物に入れるときは、煮すぎない

○ 密集している

× 隙間がある

ココも○
- カサが小ぶりで弾力がある
- 軸がちゃんと長い

よい環境で育ったものは、軸が長くてハリがあり、隙間なく密集しています。適度な水分を含むのでカサを押すと弾力もあります。「香りマツタケ、味シメジ」といいますが、まさにそのとおり！食物繊維も豊富で、コレステロール低下にも効果的です。

ブロッコリー

4	5	6	7	8	9	10	11	12	1	2	3

料理のヒント
- ホタテと相性がいい
- 甘みのある茎も捨てずに

○つぼみが詰まっている

×開いたつぼみは口あたり悪し

ココも○
- 根元の切り口がみずみずしい
- 濃い緑色

つぼみが隙間なく、きれいに詰まっていて、盛り上がっているものがいいですね。つぼみも根元も、鮮度が落ちると黄色みがかってきて、火を通してもスカスカ感と苦みが残ってしまいます。茎も外側の皮をむいて火を通せば、とっても甘くておいしいです。

ホウレンソウ

4	5	6	7	8	9	10	11	**12**	**1**	2	3

料理のヒント

- 焦がしバターで蒸し焼きに

○ 根元の赤が濃いと甘みも強い

× 根元の乾きや変色は鮮度が悪い

ココも○

- 根元が太いと味に力あり
- 葉の緑色が鮮やか

葉の先までピンとしているものがいいですね。また、あまりにも緑色が濃いものは、強い農薬を使っていることも考えられるので避けたほうがいいでしょう。根元の赤い部分はとても甘いですね。栄養価も高く、太くて赤いものほど力強い味を感じられます。

マイタケ

4	5	6	7	8	9	10	11	12	1	2	3

料理のヒント
- 天ぷらにして、オレガノをふる

○ 密集している

× カサが開いている

ココも ○
- カサが肉厚で乾いている
- カサの色が茶褐色でツヤがある

カサが開いているものは古くなっています。カサが密集し、触ると折れちゃいそうなものが、新鮮でいい香りがします。ビタミンとミネラルが豊富で、特にビタミンB_2を多く含みます。天然ものはオリーブオイルで軽く炒め、塩で食べるのもおすすめです。

マッシュルーム

4	5	6	7	8	9	10	11	12	1	2	3

料理のヒント
- ホワイト種は生でスライス
- ブラウン種はバター炒めやカレー、シチューに

○マシュマロみたい

×キズのあるもの

ココも○
- カサがすべすべしている
- 軸がしっかり、太い

写真の「ホワイト種」と、表面が茶色の「ブラウン種」、どちらもふんわりした感じがあって、表面がすべすべなものを選びましょう。キズがあると、そこから変色し、味も落ちてしまいます。ベタッとした感じのするものは食感が悪いので避けましょう。

ミズナ

4	5	6	7	8	9	10	11	12	1	2	3

料理のヒント
- レモンとオリーブオイルをかけてサラダ
- おろしたチーズと相性よし

○茎が細くハリがある

×茎が弱々しいものは古い

ココも○
- 葉先までピンとしている
- 茎にキズや変色がない

白と緑のコントラストがはっきりしていて、茎の部分がシャキッとハリがあるものが良品です。茎が細めのものはサラダなどの生食に、太いものは鍋物などサッと火を通す料理に適しています。葉先は意外にかたいので、火を通したほうが食べやすいですね。

ミョウガ

4	5	6	7	8	9	10	11	12	1	2	3

料理のヒント

- 輪切りにして薬味
- 千切りにしてサラミと合わせて

○ プクッとして
ハリがある

× プクッとしていないものは
中身も味も薄い

ココも○

- 表面にキズがないもの
- 先端が開いていないもの

丸みがあり、しっかり締まっているものは、中身もきっちり詰まっていて、独特の香りと食感が味わえます。先端は閉じているものを。鮮度が落ちると先が開いてきたり、変色したりします。細く切ったサラミと千切りにしたミョウガはよく合います。

モロヘイヤ

4	5	6	7	8	9	10	11	12	1	2	3

料理のヒント
- 鮮やかな黄緑色はおひたし
- 刻んでトマト入りのスープに入れる

○切り口がきれい

×茶色いものは古くてかたい

ココも○
- 葉の先までピンとして、みずみずしい
- 弾力があり、茎がやわらかい

根元がみずみずしいものは新鮮。葉も茎も弾力があり、特に茎は手で簡単に折れそうなほど張っているものを。サッとゆでて切ると出るぬめりには肝機能を高める効能もあります。緑色が濃いと苦みが強いのですが、トマト味のスープに入れると◎。

ヤマイモ（長芋）

4	5	6	7	8	9	10	11	12	1	2	3

料理のヒント
- 皮付きのまま空焼きし、バルサミコ酢で味付け

○ 断面がキメ細やかだと粘りも細かい

× キメが粗いと粘りが弱い

ココも ○
- 表面にデコボコやキズがない
- 重くて太っている

断面が色白で新鮮なものは水分が十分含まれているのでキメが細やかです。すりおろしてもキメが細かいので、喉越しもいいですね。生食はもちろん、きれいに洗って皮付きのまま焼くと、ほんのりとした甘みも加わって、おいしくいただけます。

レタス

4	5	6	7	8	9	10	11	12	1	2	3

料理のヒント
- 外側の葉は刻んでスープに
- 中の葉は千切りにして カニやエビと合わせる

○根元の切り口は白がいい

×古くなると赤茶に変色

ココも○
- 巻きがゆるやかなもの
- 持ったとき、軽いものは味が濃い

丸ごと購入するときは、根元の切り口がきれいで白いものが新鮮です。また持ったときフワッと軽く、巻きがゆるやかなものは、中の水分が少なく甘みも強く感じられます。カットの場合は切り口がきれいで芯が小さく、葉が詰まっていないものを選びましょう。

レンコン

4	5	6	7	8	9	10	11	12	1	2	3

料理のヒント

- 輪切りを素揚げし、イワシの刺身と食べると美味

○ 断面が白くてみずみずしい

× 黒ずみ、色むらは古い

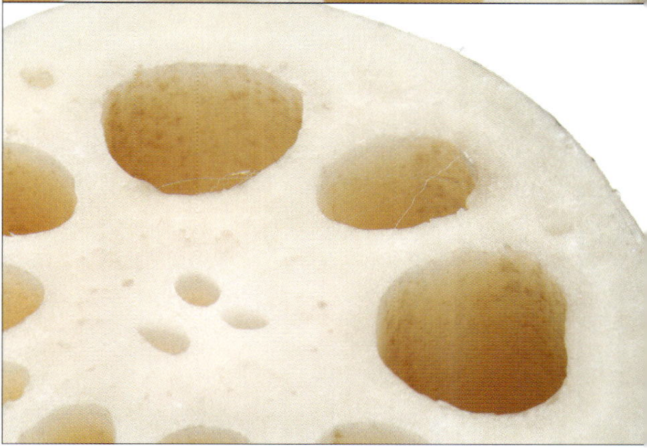

ココも○

- 断面のキメが細やか
- 断面の白い斑点は苦みの原因

新鮮なものは断面のキメが細やか。水分も多く、シャキッとした歯ごたえが味わえます。穴は均一なほどストレスなく成長した良品。断面の白い斑点は苦み成分なので避けましょう。また、皮が異様に白すぎるものは漂白した可能性があるので気をつけましょう。

シェフの野菜ひとロコラム

野菜をそのまま食べたことはありますか？

皆さんはいつも、野菜をどうやって食べていますか？　生でも、ゆでたり蒸したりしたときも、ドレッシングやマヨネーズをかける場合が多いと思いますが、余分な味を加える前に、野菜そのものを味わってみてください。その野菜にはどんな特徴があるのか、その旨みを感じてみてください。新鮮な野菜ほど、調味料の力を借りなくてもおいしいし、調味料などの複雑な味付けが、かえって野菜本来のおいしさを消してしまっていることに気付くと思います。

畑を回って野菜を採りながら、その場で食べることも私の日課です。キュウリやトマトなど、いわゆる生野菜はもちろん、コマツナやサヤインゲン、ナスといった、ゆでたり炒めたりして食べるのが一般的な野菜を、そのままかじってみることもあります。甘かったり酸っぱかったり、苦みや渋みを感じるものもありますが、それが野菜それぞれの特徴であり、旨みなのだと思います。

スーパーマーケットにも鮮度のいい野菜がたくさん並ぶようになりました。より新鮮な良品を選んだら、調理の前に生のまま、味見してみてはいかがでしょう。ほんの少しの塩だけで、とってもおいしくなる野菜は、意外にたくさんあると思います。

くだもの

イチゴ

4	5	6	7	8	9	10	11	12	1	2	3

料理のヒント
- くだいたビスケットをかけると、イチゴの味が活きてくる

○全部、赤い

×ヘタのところが白いと酸っぱい

ココも○
- ヘタがみずみずしい
- ツブツブがくっきり、粒ぞろい

ヘタのところまで均一に、鮮やかに赤く色付いているものは、健やかに生育した良品です。豊富なビタミンCが流れ出るのを防ぐため、洗うときはヘタ付きで。先端に向かって甘みが増していくので、ヘタのほうから食べて、甘みの余韻を楽しみましょう。

オレンジ

4	5	6	7	8	9	10	11	12	1	2	3

料理のヒント
- フェンネルと合わせてサラダ
- サケと相性がいい

○ヘソが大きい

×小さいヘソは酸味が強い

ココも○
- 持ったとき重いもの
- ツヤツヤ感のあるもの

ちょっとくぼんだ、通称ヘソのところが大きいほうが、甘みも強いんです。ヘソが小さいと、酸っぱく感じることが多いですね。また手に持ったとき重いほうが果汁が多く、みずみずしい。皮が厚いと果汁が少なく、パサパサしてしまいます。

カキ

4	5	6	7	8	9	10	11	12	1	2	3

料理のヒント

- お酒を飲みすぎたあとに食べると二日酔いを防ぐ

○ハリとツヤがある

×ハリがないとかたくて甘みが少ない

ココも○

- ふっくらしている
- 重みのあるもの

皮の表面に、ハリがあってツヤツヤして、持ったときにずっしり重みのあるものは、みずみずしくて甘みもたっぷり含まれています。ただし、かたさはお好みで。ビタミンCやカロテン、食物繊維も豊富で、まさに秋から冬にぴったりのくだもののひとつです。

キウイ

4	5	6	7	8	9	10	**11**	12	1	2	3

料理のヒント
- 肉と相性がいい

○ うぶ毛が多く、表面がデコボコしていない

× うぶ毛が少ないと特有の食感や酸味に欠ける

ココも○
- 形がきれいな楕円形
- 甘い香りは食べごろサイン

表面に茶色のうぶ毛がいっぱいあると、特有の酸味・甘み・食感がしっかり味わえます。完熟前に収穫されるので、室温で追熟し、少しやわらかくなって実の全体から甘い香りが感じられたら、ちょうど食べごろです。国内での栽培も盛んになってきました。

クリ

4	5	6	7	8	9	10	11	12	1	2	3

料理のヒント

- さっとゆでて、マスタードとマヨネーズであえてサラダ

○黒ずみがないもの

×黒くてシワがあるのは甘くない

ココも○

- 実が太っている
- 先端のトゲがピンとしている

枝から落ちてからの時間が長いと、表面が黒くなったりしてきます。黒ずみがなく、プクッと丸く太っていて、先っぽにあるトゲがピンとしているのが新鮮な良品です。意外に日持ちしないので、早めに食べることをおすすめします。

グレープフルーツ

4	5	6	7	8	9	10	11	12	1	2	3

料理のヒント

- 果汁をコリアンダーと合わせて、ドレッシングに

○表面にハリとツヤがある

×へこみやシワのあるもの

ココも○

- 皮の色が鮮やか
- ずっしり重く、皮が薄そうなもの

表面にシワがあったり、へこんでいたりするのは避けましょう。また、持ったときずっしり重く、皮が薄いと感じられるもののほうが果汁もたっぷりです。少しシミのようなものが皮にあるときもありますが、味には関係ありません。

サクランボ

4	**5**	**6**	**7**	8	9	10	11	12	1	2	3

料理のヒント
- プチトマトのかわりに使える

○ツヤツヤ鮮やかな赤

×ハリがなく
色がうすいのは甘くない

ココも○
- キズのないもの
- 軸がしっかりした緑色

実全体が鮮やかで光沢のある赤い色をしているものが良品です。丸くてハリのあるものは甘みも十分。日持ちがしないので、軸が青々として元気がある、新鮮なものを選びます。またキズやへこみのあるものはさらに傷みが早いので避けましょう。

スイカ

4	5	6	**7**	**8**	9	10	11	12	1	2	3

料理のヒント
- 塩をふらずに
そのままがベスト

○ タネが黒くて太っている

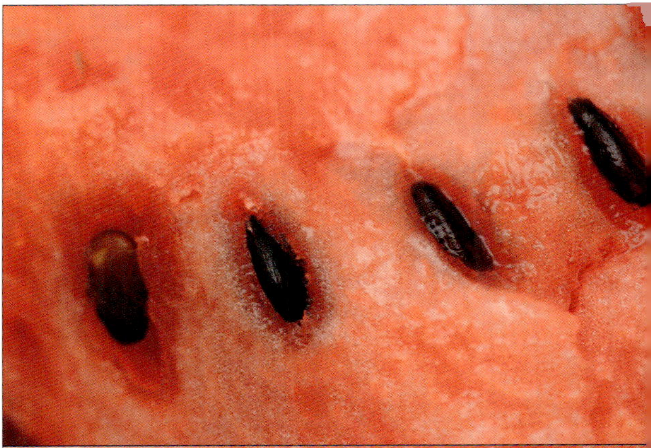

× タネが小さくフカフカは
旨みに欠ける

ココも○
- 断面が滑らか
- 皮のしま模様がくっきり

カットものを購入するときは、タネがちゃんと大きく入っているものがいいですね。また、断面の繊維が滑らかなものは良品です。1個丸ごと購入する場合は、皮にハリとツヤがあり、頭のしま模様が細くて、キュッと締まったものを選びましょう。

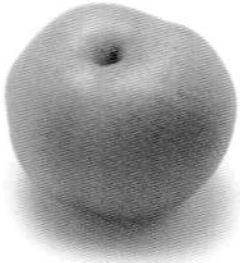

ナシ

4	5	6	7	8	9	10	11	12	1	2	3

料理のヒント
- そのまま食べるのがいちばん

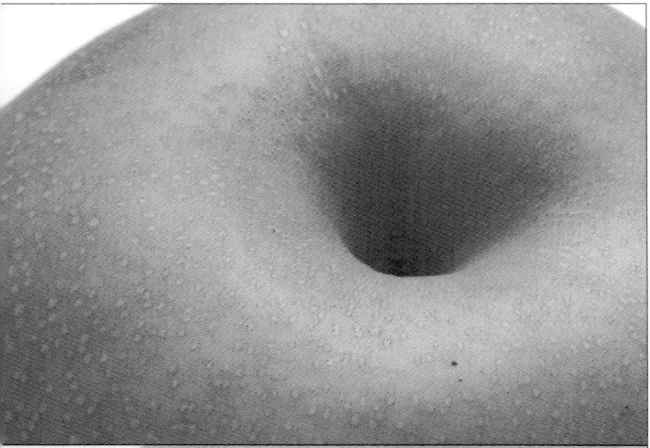

○ボツボツを手に感じる

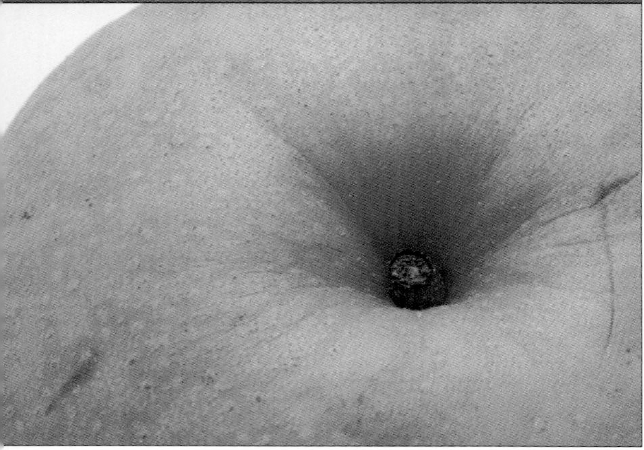

×ボツボツを感じないものは、味も大味

ココも○
- 軸がしっかりしている
- ずっしり重いもの

皮の表面にあるボツボツした部分が小さいほうが、果肉のキメが細かくて水分も豊富です。また、見た感じハリがあって、どっしりしているものが良品です。実のほとんどが水分なので、果汁たっぷりのものは、持ったときずっしり重いはずです。

バナナ

4	5	6	7	8	9	10	11	12	1	2	3

料理のヒント
- スライスして川魚のムニエルに添える

○太くて、プクッとしたもの

×やせているものは、熟しても甘みが少ない

ココも○
- 付け根がしっかりしている
- キズや大きな黒ずみのないもの

品種にもよりますが、太くてプクッとしたものが甘みがあり、味も濃厚です。また、皮にキズや大きな黒ずみのあるものは、実が傷んでいるので避けましょう。青くてかためがいいか、やわらかくて皮に黒い斑点が見える、完熟したのがいいか、はお好みで。

ブドウ（巨峰）

4	5	6	7	8	9	10	11	12	1	2	3

料理のヒント
- 焼いた鶏肉と一緒に食べるとおいしい

○ 皮の表面に白い粉

× 表面ツヤツヤは鮮度が悪い

ココも○
- 軸が青くて太いもの
- 実の表面がふっくらしている

皮の表面が白い粉でまんべんなく覆われているのが鮮度のいいものです。これはブドウ自身が身（実）を守っているためで、白い粉をブルームと言います。表面がツヤツヤしているのは実を守る術を失った、つまり収穫後、時間が経ったという証拠です。

ミカン

4	5	6	7	8	9	10	11	12	1	2	3

料理のヒント
- 粒をバラして、フライパンで表面を焼き、バニラアイスを添えて

○ ヘソがくぼんでいる

× ヘソが張っているのは酸っぱい

ココも○
- ヘタは小さいほうがいい
- 色が濃く、鮮やかなもの

私はまず、ヘソのくぼみを見ます。そこが張っていると酸味が強いことが多いので避けるようにしています。老木で育つとヘタは大きくなる傾向がありますね。ヘタは小さいと水分が多く、また黄緑っぽいものが新鮮です。ヘタが黒いのは古くなったものです。

メロン

4	5	6	7	8	9	10	11	12	1	2	3
	●	●	●	●							

料理のヒント
- ゆでたエビと一緒にオリーブオイルをかけて

○ ツルの付け根の網目が細かいほどいい

× 網目が少ないと甘みが不足

ココも ○
- 持ったとき重みのあるもの
- 甘い香りは食べごろサイン

ツルの付け根の網目が細かいものは、よい環境で順調に育ったもの。身のキメが細やかで甘みもたっぷり。甘〜い香りがより強くなり、おしりの部分もやわらかくなっていたらちょうど食べごろです。冷やしすぎは甘さを半減させます。気をつけましょう。

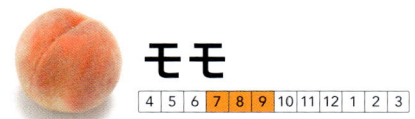

モモ

4	5	6	7	8	9	10	11	12	1	2	3

料理のヒント
- ミントとの相性バツグン

○ ふっくらして色むらがない

× 色付き不十分は甘みが薄い

ココも○
- 皮にまんべんなくうぶ毛がある
- キズやへこみがない

ふっくら丸みがあり、色が鮮やかで濃いものほどおいしいですね。皮のうぶ毛もまんべんなくしっかりあるほうが新鮮です。キズやへこみ部分は実が傷んでいることが多いですね。パック詰めを購入する場合は、パックの中のモモが全部、同じ色のものを。

洋ナシ

4	5	6	7	8	9	10	11	12	1	2	3

料理のヒント
- 仔牛や豚肉、生ハムとよく合う

○ 軸も表面も茶色が食べごろ

× 青くてかたいのは追熟が必要

ココも○
- 甘い香りが強い
- 下部のほうがやわらか

収穫後の追熟が必要で、食べごろか否かの見極めが大切。表面が青くかたいものは甘みも香りも、実の滑らかさもありません。食べごろになると全体が茶色に変色。実もやわらかく、豊かに香ってきます。今すぐ食べたい場合は、熟したものを購入しましょう。

リンゴ（王林）

4	5	6	7	8	9	10	11	12	1	2	3

料理のヒント

- カブとトマトのサラダに、イチョウ切りにして入れ、ドレッシングがわりに

○ 表面をさわるとボツボツがわかる

× つるっとしているのは甘くない

ココも ○

- 軸がしっかりついている
- 重くてかたい

香りが強くて甘く、酸味の少ない品種。表面がザラザラしているほうが甘みも香りも豊富だし、果汁も多いので歯ごたえもいいですね。鮮度が落ちると水分が抜けてしまい、実がスカスカになります。真っ青より、少し黄色になっているほうが食べごろです。

リンゴ（ふじ）

4	5	6	7	8	9	10	**11**	12	1	2	3

料理のヒント
- ナッツや干しブドウと合わせておつまみに

○ おしりも、芯まで赤い

× 赤くないのは陽が当たっていない

ココも○
- おしりのくぼみが深い
- 軸が太くしっかりしたもの

表面はもちろん、おしりのほうも、芯に近いところまで赤く色付いたものは、太陽の光をいっぱい当たるよう、手をかけて育ててもらった、という証拠です。また、順調に生育したものほど、おしりのくぼみが深くなっています。

レモン

4	5	6	7	8	9	10	11	12	1	2	3

料理のヒント

- 実を刻み、オリーブオイル、イタリアンパセリを合わせればレモンドレッシングに

○濃い黄色

×青かったり、黄色が薄い

ココも○
- 皮に適度なハリがある
- 軸が緑色で、形がきれい

黄色が濃いものは、樹上でちゃんと熟してから収穫したもので、酸味の中に甘みも含まれています。熟す前に収穫した、色の薄いものは、ただ酸っぱいだけ。また見た感じ、ハリが強すぎるのは、皮が厚くて果汁が少ないので避けましょう。できれば国産を。

シェフのくだものひとロコラム

鳥になった気分で選んでみましょう。

くだものは木や枝になっていますよね。だんだん熟してくると色が濃くなり、ツヤも増して「今が食べごろ！」と自己主張します。誰に向かって主張するのかというと、空を飛んでいる鳥たちです。鳥たちは、パッと目に飛び込んできた実がおいしいとわかっているので、瞬時にねらいを定め、いちばんおいしいところを食べるんです。

もぎ取りの体験ができる果樹園に行くと、私も鳥の気分になって果樹園を歩き回ります。いちばんおいしそうなのはどれか、などという雑念を取り払い、くだものの生きている環境を肌で感じながら、頼るのは、自分の動物的直感だけ。そうして、パッと目に飛び込んできたものを、迷わず、いただきます。たまには失敗もありますが、自然環境に触れながら、そんな体験を繰り返していくと、失敗する回数もだんだん減ってきます。

スーパーでくだものを選ぶ場合も鳥になってみます。パッと目に飛び込んでくるものを、今度は手にとってじっくり目利きをしていくのです。

くだものの生育環境を知ると、この感覚はもっと磨かれるんじゃないかなあと思います。もぎ取り体験のできる果樹園に行き、自然の空気を感じながら、皆さんも鳥になってみてはいかがでしょう。

魚介

アサリ

4	5	6	7	8	9	10	11	12	1	2	3

料理のヒント
- レモンの皮と一緒に煮るとおいしい

○触ると素早く口を閉じる

×触っても反応しない

ココも○
- 貝のすじ目がはっきり
- パックの中の水がきれい

貝の口が開き、舌が出ている場合でも、貝をチョンとつつくとすぐに反応し、素早く口を閉じるものは新鮮です。触っても動かないものや、すでに口が大きく開いていたりするものは古くなっています。海水程度の塩水で砂を吐かせてから調理しましょう。

アナゴ（切り身）

4	5	6	7	8	9	10	11	12	1	2	3

料理のヒント

- お茶で炊いたごはんに、揚げたアナゴをのせて食べると美味

〇 身に透明感がある

× 白いくすみは鮮度が悪い

ココも〇

- ふっくらしている
- 皮に光沢がある

身に透明感があって、ふっくらしているものが◎。くすんだ感じのする白いものや、少し黄ばんだような色のものは避けましょう。皮を見ることができる場合は、光沢があるものを選びます。ビタミンA・E、カルシウムも、比較的たくさん含まれています。

アジ（真アジ）

4	**5**	**6**	**7**	**8**	9	10	11	12	1	2	3

料理のヒント

- ネギと一緒にたたき、オリーブオイルをひとふり

○ ツヤがあり丸く太っている

× 身にハリがなくやせている

ココも○
- 持ったとき身が反らない
- 目が澄んでいる

身がよく太って背中が丸いものは脂ものっています。身がしっかりしているので、持ったときに身が反り返ったりしませんね。また目に元気があるものは新鮮です。目がうつろな場合は生食は避けましょう。気温の上昇とともにおいしさが増していく魚です。

アジ（干物）

4	5	6	7	8	9	10	11	12	1	2	3

料理のヒント
- 大根を鬼おろしでおろして添える

○ 身に締まりがある

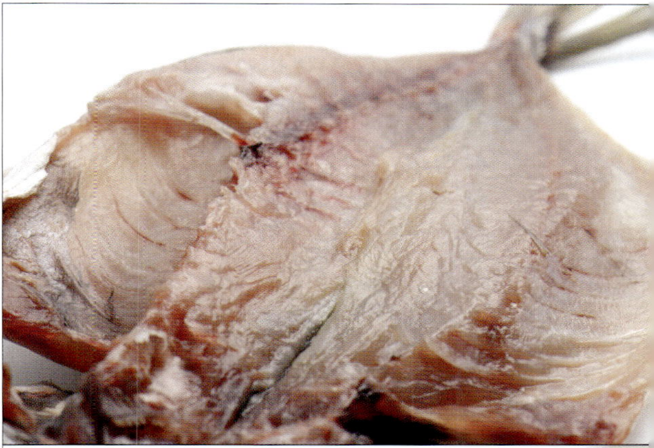

× 表面がパサパサしたものは旨みに欠ける

ココも○
- 身に血の塊がない
- キズのないもの

身に締まりのあるもは旨みも十分。中骨付近に血の塊があるもの、キズのあるものは取り扱いが雑だったと考えられます。干物とはいえ、購入後すぐのほうがおいしくいただけます。焦がさないようにじっくり焼いて、ふっくらした身を楽しみましょう。

イカ（ヤリイカ）

4	5	6	7	8	9	10	11	12	1	2	3

料理のヒント
- フライパンでオリーブオイルと一緒に人肌程度にあたためると、イカの甘みを楽しめる

○ 身に透明感があり、赤くふっくら

× 時間とともに赤みがなくなる

ココも○
- ツヤと弾力がある
- パックに水滴がついていないもの

全体的に赤黒いものは新鮮です。ツヤがあり、ふっくらしているものがいいですね。時間が経つほど白さが増し、弾力がなくなってきます。加熱しても生臭さが残るので、早めに調理しましょう。夏からは、秋が旬のスルメイカが出回ります。

イカ（刺身用）

4 5 6 7 8 9 10 11 12 1 2 3

料理のヒント
- 刺身とオリーブオイルをボウルに入れ、ゆでたパスタと和えれば、簡単イカのパスタ

〇 切り口はっきり

× 全体的に元気がない

ココも〇
- プリプリ感がある
- 盛りつけがきれいなもの

新鮮なものは身がプリッとしているので、切り口もはっきりわかります。鮮度が悪いと身にハリがなくなり、切り口もあいまいな感じに見えます。また、パックの上から見ても全体的にダラッとした感じがわかるものは、かなり古いものなので注意しましょう。

ウナギ（蒲焼）

4	5	6	7	8	9	10	11	12	1	2	3

料理のヒント
- 白髪ネギと一緒に食べるとおいしい

○飛行船のようにふんわり

×ふんわり感がないとかたい

ココも○ ・とくにありません

身が全体的にふっくらしていて、横に長い飛行船のように見えるものが◎。旨みもあるし、温め直してもふんわりやわらか。平たくて身に丸みのないものは、身も皮もかたいだけでおいしさを感じません。国産か外国産かは、お財布と相談してくださいね。

エビ（アカエビ）

4	5	6	7	8	9	10	11	12	1	2	3

料理のヒント
- 頭はから揚げにし、乾燥青のりをかけるとおいしい

○ 色鮮やかで頭が黒くない

× 鮮度が落ちると頭が黒ずみ ハリがなくなる

ココも ○ ・目が透き通っている

新鮮なものはとてもきれいな赤い色で、身のプリプリ感がわかるものは刺身が美味。頭の中が黒い場合は苦みが強いので、調理の際は取り除いたほうがいいでしょう。赤い色がくすんでいるものは鮮度が落ちているので、揚げるなど、火を通すといいですね。

カキ

4	5	6	7	8	9	10	11	12	1	2	3

料理のヒント

- シュンギクと一緒にしゃぶしゃぶで。タレは不要

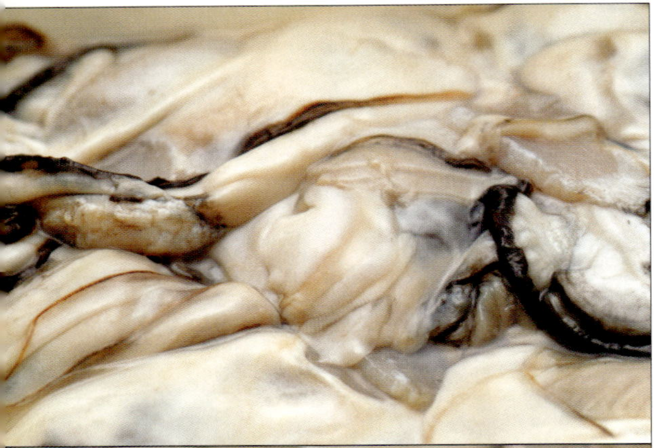

○ 黒いヒダが鮮明でハリがある

× ハリがなく貝柱が黄色いものは古い

ココも○ ・ツヤがあり、ふっくら

黒いヒダが鮮明なものは鮮度がいい証拠。ハリがあり、ふっくらしたものは甘みも十分。大きさは好みですが、殻つきの場合は全体的に平たい形のものを選ぶと大きな身が入っています。冬の養殖ものが一般的ですが、庄内《しょうない》では夏場の天然岩ガキが主流です。

魚介

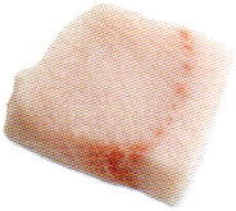

カジキ（メカジキ）

4	5	6	7	8	9	10	11	12	1	2	3

料理のヒント

- 表面をさっと焼いてたたきに。薄くスライスして、レモンをかけて

○スジ目が鮮明

×スジ目があいまいなものは身の旨みに欠ける

ココも○

- 血合いが黒ずんでいない
- 切り口がざらつかない

身のところに見える年輪のようなスジ目がちゃんとあるものは、身の締まりがよくておいしい。ただしスジ目が太いものは、口に残るので避けましょう。切り口がざらついていないものも○。また鮮度が落ちると血合いのところが黒ずんできます。

カツオ（刺身用）

4	5	6	7	8	9	10	11	12	1	2	3

料理のヒント
- 土佐酢にゆでたフキノトウをたたいたものを入れてタレに

○ 切り口の赤が鮮明

× 虹色に光って見えるものは古い

ココも○
- 血合いが黒ずんでいない
- 身に締まりがある

身にハリがあり、切り口がきれいな赤いものが新鮮です。時間が経つと身全体に締まりがなくなり、切り口も虹のように光って見えます。血合いの黒ずみがひどいものも避けましょう。餌を食べ、丸々と太って戻ってくる秋の戻りガツオも、目利きは同じです。

カニ（毛ガニ）

4	5	6	7	8	**9**	10	11	**12**	1	2	3

料理のヒント
- 炒めるときは高温で
- ゆでて、ほろ苦い野菜やグレープフルーツと合わせると、甘みが引き立つ

○ 関節部分が透明なもの

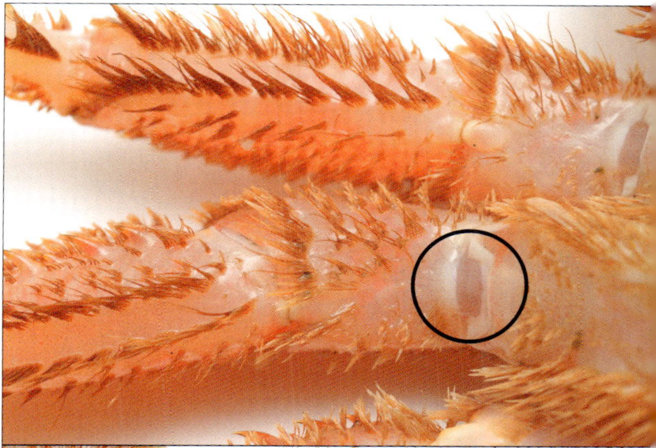

× 古いと関節が黒くなってくる

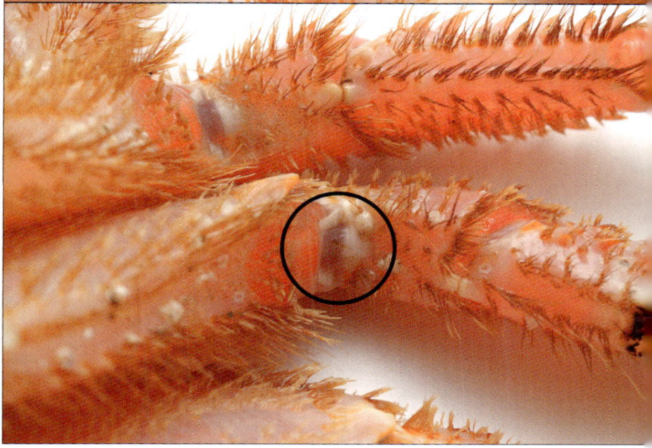

ココも ○ ・いちばん下の足に身が多い

足の関節部分を見ると、新鮮なものは白くて透明ですが、鮮度が悪くなるとだんだん黒ずんできます。生臭さを感じるようになり、身にも締まりがなくなって味が落ちてきます。いちばん下の足に身が多ければ、ほかの足にもたっぷり身が入っています。

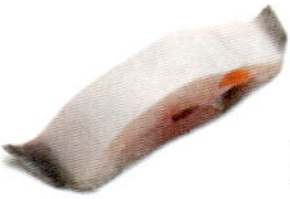

カレイ（ナメタガレイ・切り身）

4	5	6	7	8	9	10	11	12	1	2	3

料理のヒント
- 煮つけるときはシイタケを入れると◎

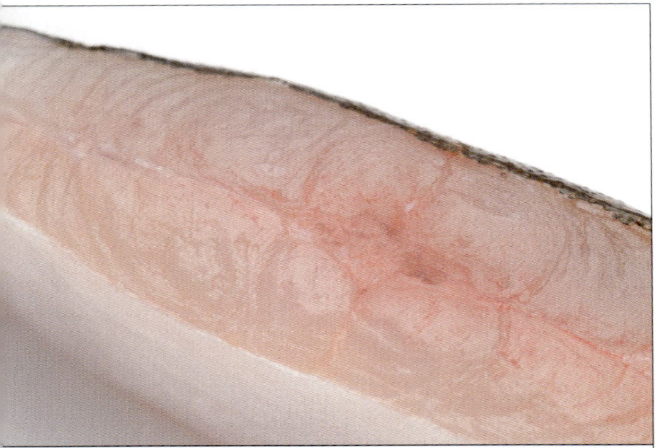

〇 身が締まり、ハリがある

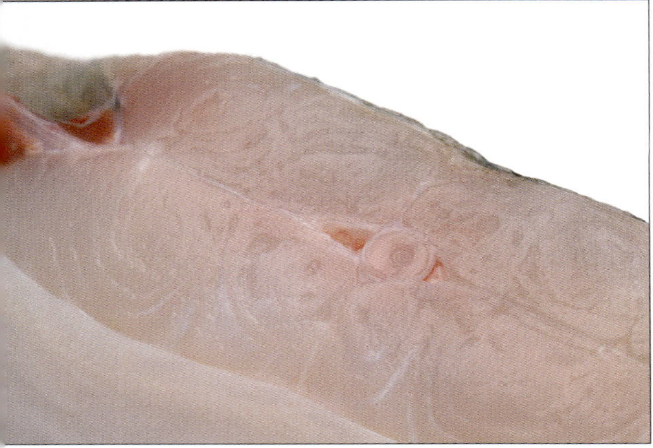

✕ 鮮度が悪いと身が白っぽい

ココも 〇
- 透明感がある
- 血合いがきれい

切り身の場合、血合いの色がきれいで、身には透明感とハリがあるものがいいですね。血合いが黒っぽく見えるものは保存状態が悪く、鮮度も落ちています。身に赤いものが混じっているものは、調理しても生臭さが残るので、ハブラシで取りましょう。

カレイ（真ガレイ）

4	5	6	7	8	9	10	11	12	1	2	3

料理のヒント

- しっかり焼いて、キュウリと合わせる

○ 身に透明感がある

× 透明感のないものは古い

ココも○

- 表面はべっこう色
- お腹を押して、やわらかくないもの

目のない裏面は、ツヤとハリ、それに透明感のあるものが良品です。表面もきれいなべっこう色をしているものを選びましょう。カレイ特有の苦みがあって、小気味よい味が楽しめます。庄内では口細《くちぼそ》ガレイと呼ばれ、焼いて食べるのが一般的です。

カンパチ（刺身用）

4	5	6	7	8	9	10	11	12	1	2	3
		●	**●**	**●**							

料理のヒント
- ドライトマトとオリーブをたたいて一緒に食べる

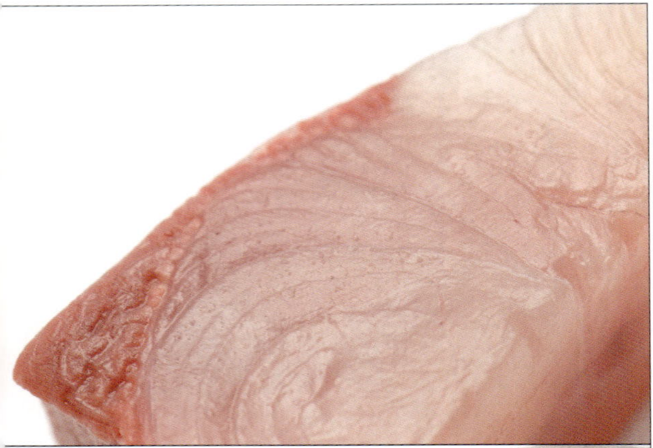

○ 赤身がきれい

× くすんだ赤は鮮度が落ちた証拠

ココも○
- 白身にハリがある
- 身がしっかりしている

赤身と白身の味の対比を楽しむ魚です。色のきれいな赤身がちゃんとあるのがいいですね。もちろん白身もハリがあるものを。また、食感も楽しむ魚なので、身がしっかりしたものを選び、刺身で食べるときは、少し厚めに切るのがポイントです。

サバ（切り身）

4	5	6	7	8	9	**10**	**11**	**12**	**1**	**2**	3

料理のヒント
- 大根を入れた湯で煮て、コリアンダーやシャンツァイと食べると美味

○ 模様がはっきりし、光沢がある

× 鮮度の悪いものは光沢がない

ココも○
- 身が厚くふっくら
- 身の赤い色がきれい

皮目の模様がはっきりしていて光沢があり、腹部の銀白色がきれいなものが◎。身も厚く、赤い色が鮮明でふっくらしているものが良品です。脂ののりが悪く身が細いのは旨みに欠けます。傷みが早い魚なので、すぐに調理するか、塩や酢で〆ておきましょう。

サケ（切り身）

4	5	6	7	8	9	10	11	12	1	2	3

料理のヒント
- フワッと焼いてマヨネーズとホウレンソウとともに

○スジ目くっきり

×スジ目があいまいなのは身に締まりがない

ココも○
- 身と皮の間の脂が多い
- 色にくすみがない

身にハリとツヤがあって年輪のようなスジ目がはっきりわかるものは、脂ののりがいいので焼くとおいしくなります。皮と身の脂身も多いものを選びましょう。身の色がくすんでいたり、皮と身の間から黄色い汁が出ているものは鮮度が落ちています。

サケ（刺身用）

4	5	6	7	8	9	10	11	12	1	2	3

料理のヒント

- バジルと相性がいい
- オレンジとウイキョウと合わせる

○ 鮮やかなオレンジ色

× 色のくすみは鮮度も味も落ちる

ココも○

- スジ目がしっかり
- 身が締まっている

目に飛び込んでくるほどオレンジ色が鮮やかなものは、程よく脂ものっていて新鮮です。またスジ目がしっかりしているものも良品。生食はもちろん、冷凍させてから刺身のように切って食べるルイベという食べ方もあり、シャリシャリの食感も楽しめます。

サワラ（切り身）

4	5	6	7	8	9	10	11	12	1	2	3

料理のヒント
- 塩焼きにしてスダチやレモンをかける

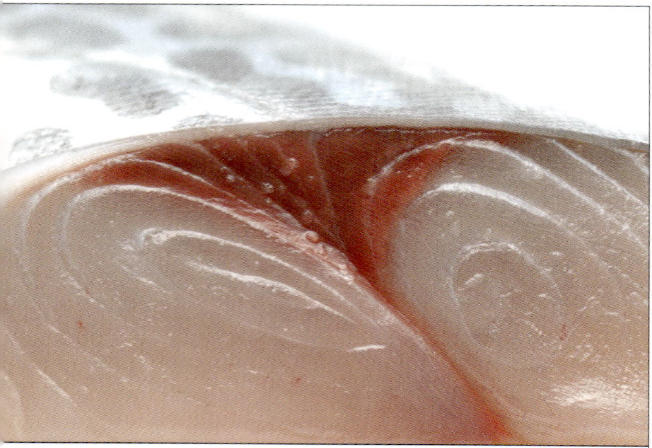

○ 血合いの色がきれい

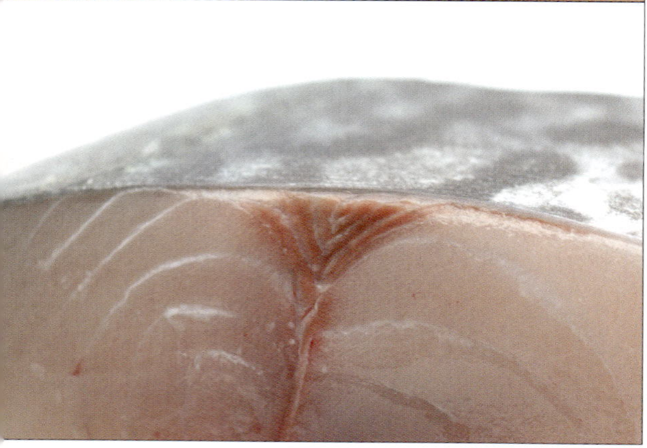

× 古いものは血合いが黒ずんでいる

ココも○
- スジ目が細かすぎない
- 皮目の斑紋がくっきり

血合いがきれいで、年輪のようなスジ目があまり細かくないものが良品です。スジ目が細かすぎると、焼いたときに身が縮み、パサついてしまいます。また脂ののっているほうがおいしいですね。皮目の斑紋もはっきりしたものが新鮮です。傷みやすいので注意。

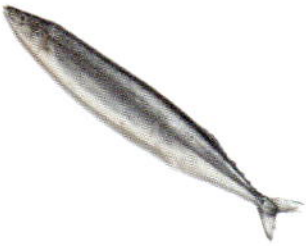

サンマ

4	5	6	7	8	9	10	11	12	1	2	3

料理のヒント

- お腹に西洋ワサビとみそを詰めて焼くとおいしい

○ 背がぐっと盛り上がっている

× 身が細いと脂ののりが不十分

ココも○

- 身にキズがない
- 持ったとき身が反らない

目が澄んでいて光っているものは鮮度がいい、というのが一般的ですが、背が盛り上がっているのは群れの先頭を元気よく泳いでいたという証拠。動きが活発だったぶん、身が厚くて脂ののりもいいんです。また、身の部分にキズの少ないものを選びましょう。

シシャモ

4	5	6	7	8	9	10	11	12	1	2	3

料理のヒント

- 焼いて、オリーブオイルとイタリアンパセリと一緒に

○上品なあめ色が本シシャモ

×青みのある銀色は代用品

良い悪いの目利き、というより、本物かニセモノかの見分け方をご紹介しましょう。シシャモとして販売される多くは、本名カラフトシシャモという代用品。上品なあめ色をしたものが本物のシシャモ。いずれにせよ、苦みと身の部分のバランスで味わうもの。好みにもよりますが、大きすぎないほうがバランスがいいですね。子持ちは、お腹が膨らんだ、卵の多いものが良品。

タコ（ゆでタコ・足）

4	5	6	7	8	9	10	11	12	1	2	3

料理のヒント

- 薄くスライスして並べ、パン粉とオリーブオイルをかけトースターでさっと焼く

○きれいなあずき色

×あずき色でないものは、二度ゆでの可能性あり

ココも○
- 足の先がクルン
- 皮がむけていない

吸盤の形がきれいで、あずき色をしているものが良品です。足の先がクルンと巻いているものもいいですね。身が締まり、旨みも十分。皮がむけているものは、鮮度が落ちている場合があるので避けましょう。生の場合は吸盤に指が吸い付くものが新鮮です。

タイ

4	5	6	7	8	9	10	11	12	1	2	3

料理のヒント

- 塩焼きにした身をアサリのうしお汁にくぐらせて食べると美味

○ 頭はゴツゴツ、肌ピンク

× 肌のピンクが薄いのは身に締まりがない

ココも○

- 目が澄んでいる
- 持ったとき身が反らない

頭がゴツゴツしてワイルドさを感じさせ、さらに肌が全体的に鮮やかなピンク色をしているものは、鮮度はもちろん、身が締まっているので旨みも文句なし。ピンク色の鮮やかさに欠け、ちょっと元気のなさそうなものは、身にハリがなく、甘みにも欠けます。

タイ（刺身用）

4	5	6	7	8	9	10	11	12	1	2	3

料理のヒント
- アサツキと相性がいい

○ ピンク色は新鮮で身も旨い

× くすんだ身は苦みを感じる

ココも○
- 身に弾力がある

赤い模様がきれいで、身が黒ずんでいないものがいいですね。身が黒ずんでいるものは、食べると苦みが走ります。また身に弾力と透明感があって、切り口がダラリとしていないものは新鮮な証拠。古くなるほど身はくすみ、全体的にダラリとしてきます。

タラ（切り身）

4	5	6	7	8	9	10	11	**12**	**1**	**2**	3

料理のヒント
- ジャガイモとの相性バツグン

○ 身はプリッとしたピンク色

× 白っぽいものは古いか冷凍もの

ココも ○ ・スジ目がはっきり

庄内では寒ダラといい、冬に欠かせぬ食材。身に弾力があり、ピンクがかったものがいいですね。白濁し、ダラリとしたものは古くなっています。味が淡白でどんな料理にも合わせやすいのですが、身の旨みが料理の味を決めてしまうので、良品を選びましょう。

タラコ

4	5	6	7	8	9	10	11	12	1	2	3

料理のヒント

- 身をほぐし、同量のバター、ゆでたパスタと合わせてタラコスパ

〇 淡い紅色

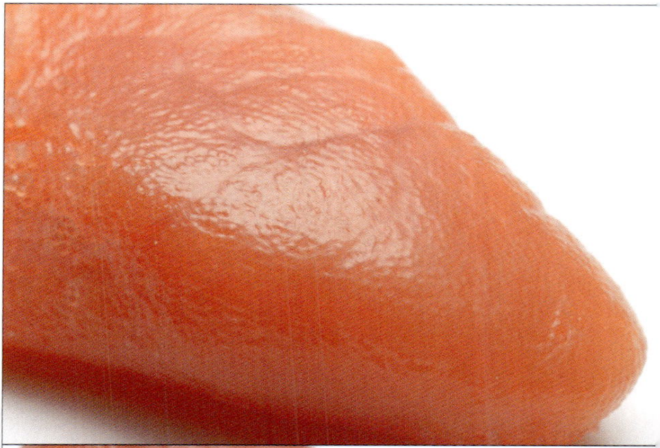

× 色が赤すぎるもの

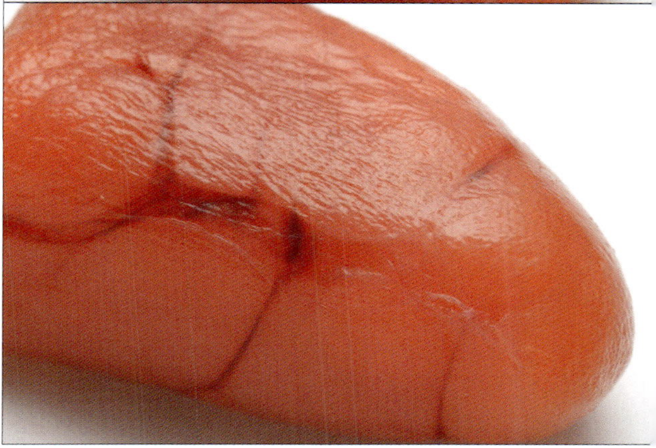

ココも〇 • 赤いスジのないもの

一般的にはスケソウダラの卵を塩漬けにしたものです。本来は淡い紅色ですが、鮮やかに見えるよう食用紅で着色したものもあります。食用なので心配ありませんが赤すぎるのは避けましょう。赤いスジがあると口当たりが悪くなるので、ツルンとしたものを。

ハタハタ

4	5	6	7	8	9	10	11	12	1	2	3

料理のヒント

- お湯に入れて火を通し、ポン酢で

○ 背中に光沢がある

× 光沢がないものは古い

ココも ○

- 目が澄んでいる
- 持ったとき身が反らない

背中に光沢があるものほど新鮮です。プチプチっと口の中で弾ける、ブリコと呼ばれる卵巣を持ったメスが珍重されますが、白身もおいしい。ウロコがないので丸ごと調理しやすく、鍋が定番ですが、丸干しを焼いて食べるのもおすすめです。

ヒラメ（刺身用）

4	5	6	7	8	9	10	**11**	**12**	**1**	2	3

料理のヒント
- セロリ＆カラスミと合わせるとおいしい

○ 身がスーッと透き通っている

× 身が白いものは状態が悪い

ココも○ • 少し薄茶の部分があると美味

身がスーッと透き通ったものは、肉質が緻密で弾力性があります。少し薄茶の部分があると、淡白な味の中にほのかな香味も感じられて美味。身が白くなっているものは健康状態が悪く、身に締まりがありません。また季節が暖かくなると味は落ちていきます。

ブリ（刺身用）

4	5	6	7	8	9	10	11	12	1	2	3

料理のヒント
- 塩ひとつまみと、レモンとオリーブオイルで

○ 血合いがきれいなもの

× 鮮度が落ちると血合いが黒ずむ

ココも ○
- 身に血が入っていない

血合いがきれいなものが新鮮です。血合いが黒ずんでいたり、身に血が入っているものは、生臭さが抜けないので避けましょう。しゃぶしゃぶもおいしいですよね。半生《はんなま》状態で食べるものなので、このときも、新鮮な刺身用を選びましょう。

ブリ（切り身）

4 5 6 7 8 9 10 **11** **12** **1** 2 3

料理のヒント

- ヤーコンと一緒に焼くと、とてもおいしくなる

○ 身に締まりとハリがある

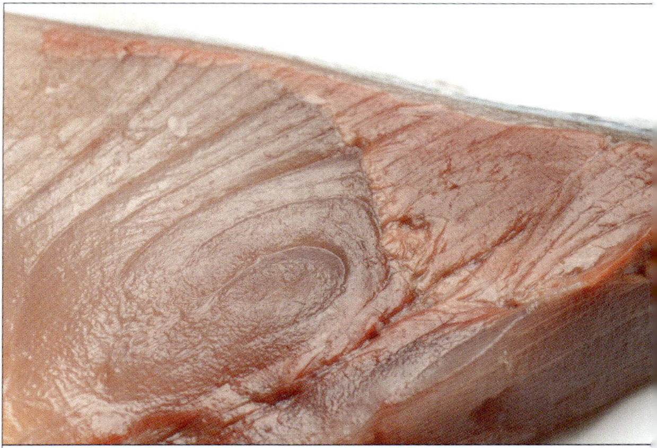

× 表面が変色しているものは古い

ココも ○ ・身に血が入っていない

身に締まりがあり、血合いも鮮やかな色であれば新鮮です。身全体にハリがなく、血合いの色が茶色っぽくなった古いものは、照り焼きなど、濃い味付けで調理しても生臭さが残ってしまいます。購入後1日置いても色が変わるので、早めに調理しましょう。

ホタテ貝

4	5	6	7	8	9	10	11	12	1	2	3

料理のヒント
- 焼いた肝と黒オリーブをたたいて作ったソースで貝柱を食べる

○ ヒモが貝柱にしっかりくっついている

× 鮮度が落ちるとダレた感じになる

ココも ○ ・貝柱がプリッとしている

貝柱が大きいのは順調に成育した良品です。身がプリッとして弾力があり、身割れしていないものもいいですね。ヒモの部分も締まりがあって、ツヤツヤしたものを選びましょう。殻付きの場合、軽くたたくと口が閉まるのは、まだ生きていて新鮮です。

マグロ（刺身用）

4	5	6	7	8	9	10	11	12	1	2	3

料理のヒント
- トマトと一緒に

〇 赤い色がスッと目に飛び込んでくる

× くすんだ色は味が泥っぽい

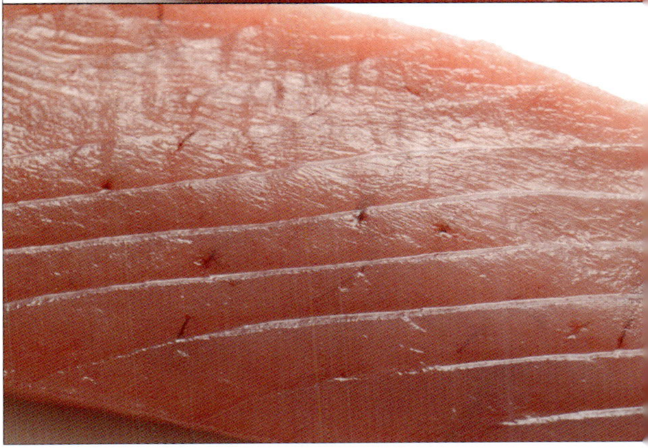

ココも〇 • 身に血が入っていない

部位やサクの取り方によって形状が変わりますが、いずれも表面のスジ目で選びます。身と平行なものが理想的ですね。スジが太いと口当たりも悪いので避けましょう。身に赤い血が残っているものは、すぐに味が落ちるので、身のきれいなものがいいですね。

シェフの魚介ひと口コラム

刺身にはしょうゆ、と決めつけていませんか？

私の店のコース料理は「ワラサと塩」というひと皿から始まります。ワラサは小ぶりなブリのこと。厚めに切った刺身に塩とオリーブオイルをかけただけですが、それだけでワラサは旨みを存分に発揮してくれます。

家庭では、刺身にはしょうゆが定番ですが、まずは何もつけずに食べてみてください。最初に感じる味も、噛んでいる間に広がる香りも、食感も、ちょっと違うように感じると思います。それをしょうゆだけで食べてしまうのはもったいないな、と思います。

何もつけずに食べたあとは、ぜひ塩で食べてみてください。よく動き回る赤身の魚と、動きの少ない白身の魚では、味わいも違います。しょうゆより塩でおいしい魚もあるし、それを知ることで、料理の幅もぐんと広がると思います。

この本には、食材ごとに料理のヒントを入れています。とくに魚介は、例えば「マグロとトマト」など、エッ！と驚く組み合わせもあると思います。「マグロとトマト」はほんの少しの塩で食べると、とてもおいしくなるんです。しょうゆがなくてもおいしい組み合わせは、ほかにもたくさんあると思います。

よく食べる魚の生態を知るために、水族館に行ってみるのもおもしろいですよ。

肉

○

ヒレ

最もやわらかで脂肪も少なく、バランスのよい味が楽しめます。熱を加えすぎるとかたくなるので要注意。少し粗めの塩が合います。

×

肉

牛肉

○ 肉は鮮紅色《せんこうしょく》、脂身はきれいな白色

○

肩ロース

適度に脂もあり、やわらかな肉質。脂分は多く入りすぎず、しかも白いものが○。薄切りにしてすき焼きや炒め物などに適しています。

×

○

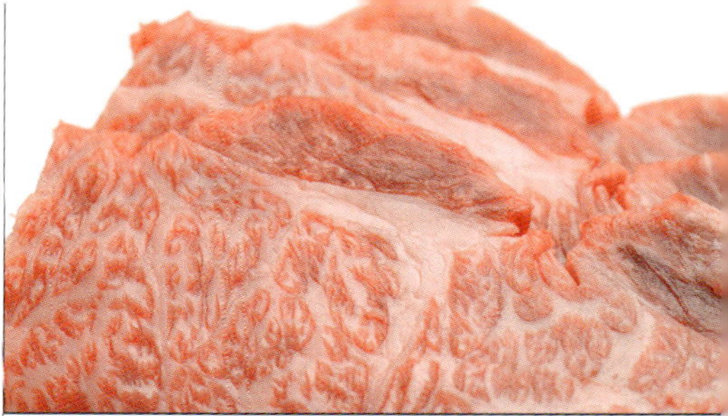

カルビ

牛バラ肉のやわらかい部分。霜ふりの脂が白く、星くずのように散っているものは、口どけのいい良品です。焼肉の定番で、ピリ辛の味と相性がいいですね。

×

× 肉も脂も、全体的に黒ずんでいる

○

ひき肉

ひいた肉の一片が長く、色鮮やかなものが○。ブツブツ短いと旨みに欠けます。ピーマンやシシトウと炒めるとおいしさが引き立ちます。

×

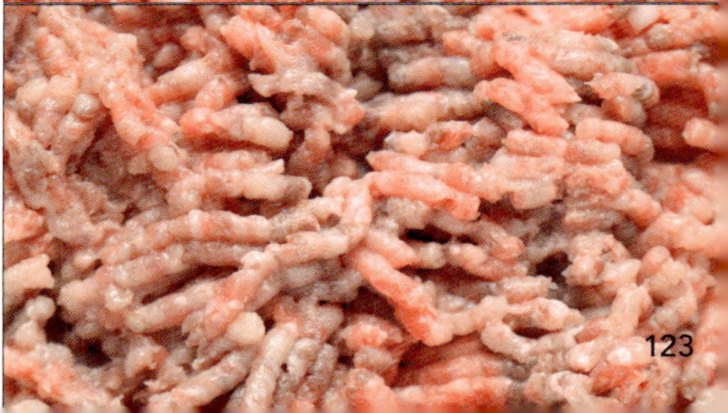

○

ロース

断面が大きく、ほんの少しだけ、肉にサシが入っているものが良品です。厚切りはとんかつやソテーに。

×

肉

豚肉

○ **肉はみずみずしく淡いピンク色**
脂身はきれいな白色

○

モモ

スジが少なく、赤身の中にほんの少し、サシが入っているものを選ぶと、肉そのものの味を楽しめます。ブロックで購入しローストポークなどがおすすめ。

×

○

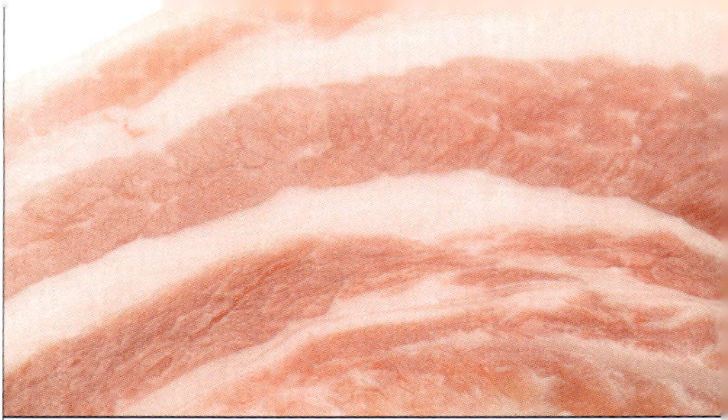

バラ

脂が多いとしつこくなるので、肉と脂肪の層の厚さがそろっているものが○。薄切りは炒めて、角切りは酢豚や角煮に。

×

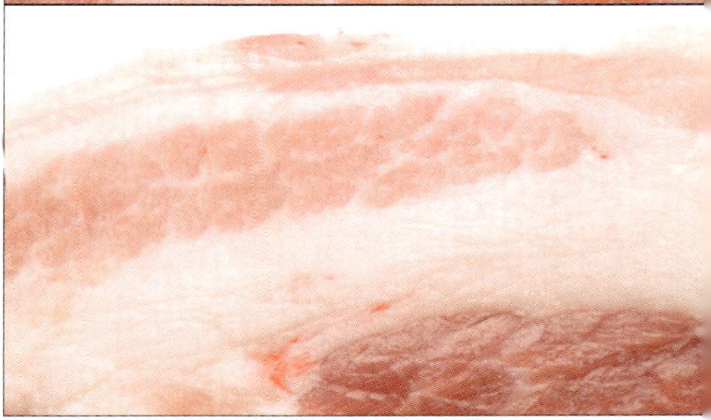

× ピンク色があせ、茶色っぽい

○

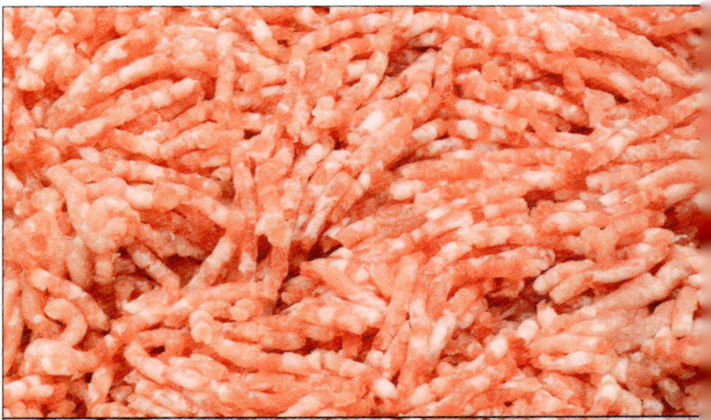

ひき肉

ひいた肉の一片が長く、色鮮やかなものが○。ブツブツ短いと旨みに欠けます。塩で炒め、白ワインと生クリームで煮詰めれば、パスタ用クリームソースの完成！

×

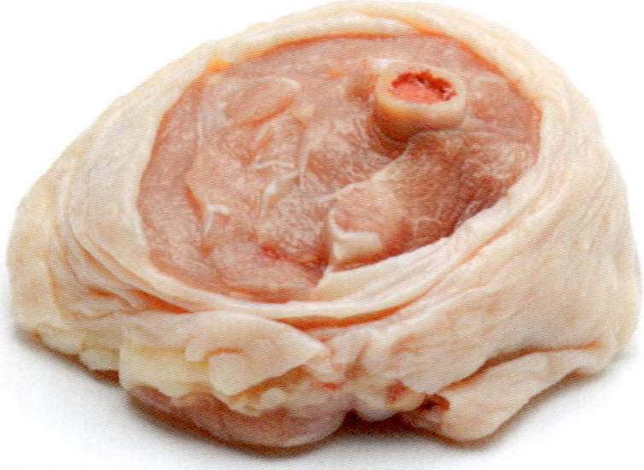

○

モモ

煮ても焼いても揚げてもおいしい、万能食材。動いている部位なので、より赤いものを選びましょう。骨付きならいいダシも味わえます。

×

肉

鶏肉

○ 盛り上がるような弾力があり、
肉はピンクがかった肌色、脂身は黄色

○

ムネ

やわらかくて脂肪は少なめ。あっさりしていますが、引き締まった肉質を選ぶと、肉に味があります。お酒をふって酒蒸しに。

×

○

ササミ

表面に水分が浮いていなくて、鮮やかなピンク色したものが良品です。表面だけをサッと焼いたり、蒸して和え物に。

×

× 肌色が黒ずみ、肉質がベタッとした感じ

○

ひき肉

ひいた肉の一片が長く、色鮮やかなものが○。ブツブツ短いと旨みに欠けます。手のひらサイズにまとめて焼いて、ワサビで食べると美味。

×

シェフの肉ひと口コラム

特有の臭みがない、羊肉のヒミツ。

私の店では、月山《がっさん》高原牧場で丸山さんが育ててくれる羊肉を使っています。ここの羊たちは、自然豊かなところで生活し、庄内特産のだだちゃ豆というエダマメを食べて育っています。ご存じの方も多いと思いますが、独特な甘みが特徴のだだちゃ豆は、今では全国から注文が殺到する人気商品。そんなおいしいだだちゃ豆を、お腹いっぱい食べているんです。

この肉をひと口食べると、だだちゃ豆特有の甘さと、干草のような香りを感じることができます。広い牧場でたっぷり運動しているので、肉質も締まっているし、だだちゃ豆のおかげで羊肉特有の臭みが全くなくなり、黙ってお出しすると、羊肉と気付かないお客様もいらっしゃいます。この羊肉に出会い、肉の味には育った環境や餌が大きく影響するということを私は知りました。

たくさん動いたものは、肉の赤身がより鮮明になります。鶏肉のような白身の肉でも、運動すればするほどピンクがかった色になり、弾力のある肉質になるんです。スーパーに並ぶ肉を見て、育った環境を知ることはできませんが、たくさん運動したかどうかを判断することはできるはずです。

食品表示の見方

増尾清《ますお・きよし》
1925年生まれ。元東京都消費者センター試験研究室長

meet　肉

❶原産地　食肉の原産地は原産国名が記載されています。国産品の場合は主たる飼養地《しようち》が属する都道府県名や市町村名、その他一般的に知られる地名で記載することができます。ただし、畜産物はいちばん長い期間飼養されていた場所が原産地として記載されるため、生体として外国から輸入された場合でも、「国産」となる場合があります。

❷部位・用途　「ロース」や「もも」などの部位や「焼肉用」といった用途は自主規制ですが、併せて記載される場合があります。

❸個体識別番号　国内で生まれたすべての牛と輸入牛の生産流通履歴情報がインターネットや携帯電話を通じて調べられる番号。性別、種別、母牛の個体識別番号、食肉となるまでの過程、仕入れの相手先などがわかります。

❹保存温度　保存方法が記載されています。ちなみに食肉の保存温度基準は10℃以下。

※**和牛とは？**　和牛は、黒毛和種、褐色和種、日本短角種、無角和種の４品種と、その４品種の交雑種のことをいい、国産牛という意味ではありません。

fish

魚

❶原産地　国産品には漁獲した水域名（複数の水域をまたがっての漁で、水域名の特定が困難な場合は、水揚げした港やその港の所在する都道府県名で記載）、または養殖場がある都道府県名が記載されます。「近海」や「遠洋」の表示は不適切です。輸入品には原産国名が記載され、水域名も併せて記載されることも。

❷名称　一般的に理解される魚の名称で表示します。

❸養殖　養殖したものには「養殖」の表示が必要です。ただし、給《きゅう》餌《じ》をして育成したものを「養殖」としますので、表示がないからといって天然とは限りません。また、冷凍品を解凍したものには「解凍」の表示が義務づけられています。

※切り身、むき身にした生食用鮮魚介類は加工食品になります。

vegetable 野菜

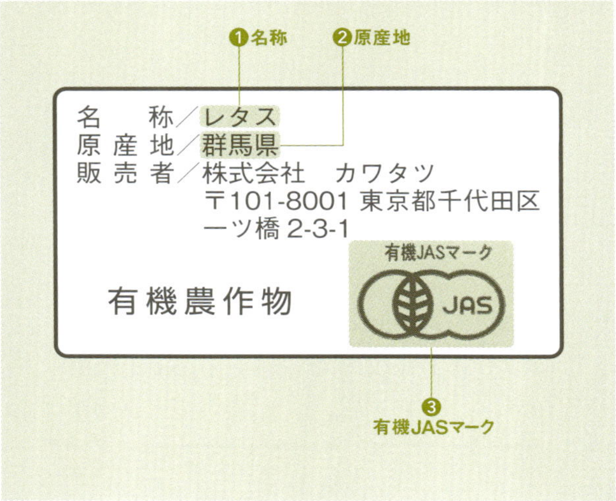

❶名称　キャベツやレタスなど一般的な名称が記載されています。

❷原産地　国内産には都道府県名、輸入品には原産国名が記載されており、市町村名やその他一般に知られる地名で記載されていることもあります。

❸有機JASマーク　登録認定機関から認定を受けた有機食品にのみ付けられます。有機農産物とは主に遺伝子組換え由来の種苗《しゅびょう》を使用せず、植え付け前２年以上、禁止されている農薬や化学肥料を使用しない田畑で生産されたもの。これを原料にした畜産物や加工食品にも表示されます。平成13年４月１日からこの有機JASマークがないものには「有機」「オーガニック」と表示できないようになりました。

rice　米

❶名称　❷原料

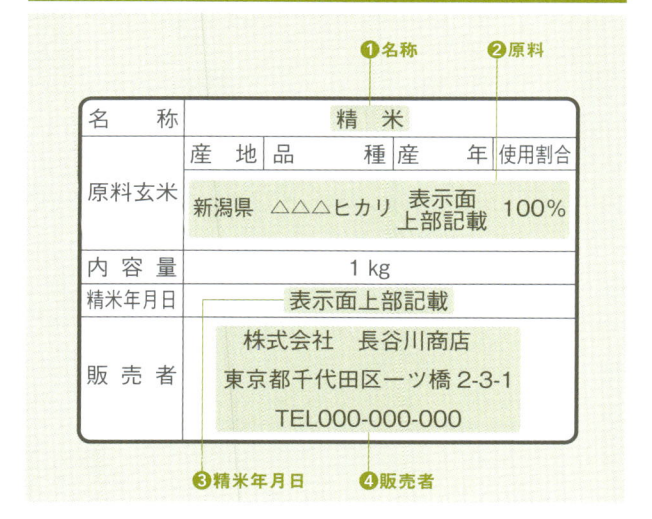

名　称	精　米			
原料玄米	産　地	品　種	産　年	使用割合
	新潟県	△△△ヒカリ	表示面上部記載	100%
内容量	1 kg			
精米年月日	表示面上部記載			
販売者	株式会社　長谷川商店 東京都千代田区一ツ橋 2-3-1 TEL000-000-000			

❸精米年月日　❹販売者

❶名称　精米、うるち精米、もち精米、玄米、胚《はい》芽《が》精米の中から、その内容を表す名称が記載されています。コシヒカリや、はえぬきといった品種名やブランド名を表示してはいけません。

❷原料　検査証明を受けた原料玄米の産地、品種、産年や使用割合が記載されています。ブレンド米の場合は「複数原料米」など、ブレンド米であることを表示するほか、原産国と使用割合が記載されています。

❸精米年月日　精米は「精米年月日」、玄米は「調整年月日」が記載されています。輸入品の場合でこれらが不明のものは「輸入年月日」が記載されており、混合されたものは、これらのうち最も古い日付が記載されています。

❹販売者　販売業者の名称、住所、および電話番号が記載されています。

※新米表示は原料玄米が生産された年の12月31日までに精白され、
包装された精米のみ「新米」と表示できます。

processed food

加工食品

❶原材料名　❷アレルギー表示

名　称	菓子パン
原材料名	つぶあん・小麦粉・糖類・マーガリン・ケシの実・脱脂粉乳・卵・パン酵母・牛乳・食塩・植物油脂・チーズ・たんぱく質濃縮ホエイパウダー・還元水あめ・ソルビット・乳化剤・クチナシ色素・イーストフード・V.C・（原材料の一部に大豆を含む）

❹食品添加物表示　❸推奨表示

❶原材料名　原材料は食品添加物とそれ以外の原材料に分けられ、原則として使用したすべての原材料を記載しています。

❷アレルギー表示　食物アレルギー患者の増加に伴い、平成14年４月１日から原材料のなかにアレルギー物質を含む食品がある場合は、その旨を記載することになりました。表示が義務化されたのは「卵」「乳」「小麦」「そば」「落花生」の５品です。なお、一度表示したアレルギー物質名がその他の原材料に入っている場合は、２度目以降、省略されることもあります。

❸推奨表示　義務づけられてはいませんが、アレルギー物質を含むため、表示を推奨するものは全部で20種類（下記参照）あります。

❹食品添加物表示　食品添加物は使用した重量の多い順から食品衛生法に基づき、定められた表示方法で記載されています（見分け方については135ページを参照）。

※推奨表示20種類

あわび、いか、いくら、海老、オレンジ、かに、キウイフルーツ、牛肉、くるみ、さけ、さば、大豆、鶏肉、バナナ、豚肉、まつたけ、もも、やまいも、りんご、ゼラチン。

ケース別食品添加物を見分ける方法

加熱食肉製品（加熱後包装）

●名称　ロースハム（スライス）●原材料名　豚ロース肉、糖類（還元水あめ、ぶどう糖、砂糖）、食塩、乳たん白、卵たん白、大豆たん白、ポークエキス、リン酸塩（Na）、調味料（アミノ酸等）、ゲル化剤（カラギーナン）、酸化防止剤（ビタミンC）、着色料（紅麹、コチニール）、くん液、発色剤（亜硝酸Na）、（原材料の一部にゼラチン、乳成分を含む）●内容量 165g●賞味期限　表面右下に記載●保存方法 要冷蔵（10℃以下）●販売者　株式会社　エデュー 〒101-8001　東京都千代田区一ツ橋2-3-1

①使用目的が書かれている場合
例／調味料、凝固剤、香料など

②カタカナの文字がある場合
例／カラギーナン、リン酸など

③化学記号がある場合
例／Na、Kなど

④使用目的（○○）のように（　　）がある場合
例／保存料（ソルビン酸K）、甘味料（甘草）など

⑤文字に「色」がついているもの
例／カラメル色素など

気をつけたい食品添加物リスト

亜硝酸塩（ナトリウム）　食肉製品などの発色剤。ほかの物質と結合すると発がん性物質に。

ソルビン酸（ソルビン酸カリウム）　保存料として食肉製品、魚肉製品、漬物などに幅広く使われている。亜硝酸と反応すると、発がん性物質が生ずる。

リン酸塩　食肉製品や魚肉製品の結着剤。食べすぎると鉄分の吸収を悪くし、骨の形成異常の不安もある。

アミノ酸等　食品添加物のなかでも、調味料としてもっとも多く利用されている。主な成分のグルタミン酸ナトリウムは、多食するとしびれや頭痛が起きるといわれている。

赤色106号　つくだ煮や漬物、菓子などに使う合成着色料。発がん性があるといわれ、日本以外のほとんどの国で使用禁止となっている。

コチニール色素　赤系の着色料。ハムやカマボコに利用されているが、遺伝子を傷つけるという研究説もある。

イーストフード　パンや菓子をふっくらさせるために使用。臭素酸カリウムが使用されていると遺伝子損傷の不安のほか、発がん性の危険性も。

カゼインナトリウム　ハムや缶コーヒーなどの粘料。アレルギー体質の人は避けたほうがよい。

ステビア　スポーツ飲料やつくだ煮、漬物に使う甘味料で南米のキク科植物から抽出。妊娠障害を起こす恐れがあるので妊婦は要注意。

サッカリンナトリウム　過去に発がん性があるとされ、使用禁止になったが、再び菓子や漬物などに使用されている。

アスパムテーム　砂糖の約200倍の甘みがある人工甘味料。脳への影響が懸念されている。

口に入る前

買い方・選び方	素材食品	❶野菜・果物類 旬のものを買う・産地のわかるものを買う・枝根のあるものを買う・色のあまりきれいなものは避ける・きざみ野菜は少なくする ❷肉類 安いものは避ける・脂身の少ないものを買う・色の異様に赤いものは避ける ❸魚類 旬のものを買う・養殖魚を少なくする・回遊魚を買う
	加工食品	添加物の表示をよくみる 添加物表示の少ないものを買う
除毒	素材食品	❶野菜・果物類 葉をとる・皮をむく・湯むき・アク抜き・ゆでこぼし・水洗い・塩もみ・酢づけ・ぬかみそづけ（ぬかは変える）・みそづけ・酢のもの ❷肉類 脂身をとる・水煮にする・たれにつける・しゃぶしゃぶで汁を変える・みそづけにする ❸魚類 酢づけ・酢洗い・油ぬき・水煮・たれにつける・みそづけ・わさびしょうゆづけにする
	加工食品	アクとり・ゆでこぼし（ソーセージは切れ目をいれて２～３分ゆでる）・熱で減らす（しらす干しの熱湯かけ、パンのトースト）

口に入った後

除毒	素材・加工食品	食物繊維をよくとる（芋類、海藻類、穀類、豆類、果物など）
解毒		よくかむ（唾液の中の酵素やビタミンが発がん物質の毒消しをする） ビタミンAをよくとる（レバー、卵黄、バター、小松菜、にら、かぼちゃなどの緑黄色野菜） ビタミンCをよくとる（かんきつ類、苺、キャベツなどの緑黄色野菜、淡白色野菜、茶など） ビタミンEをよくとる（胚芽、レバー、乳製品、卵、大豆、大豆製品、肉、緑黄色野菜など）
抵抗体質づくり		カルシウムをよくとり、吸収率をアップする（牛乳を飲む、レバーや干ししいたけなどのビタミンD_2を含む食品を摂る） 栄養のバランスをよくする（1日に30食品以上食べるようにする）

安全な食材や食品を選ぶことはもちろん大切ですが、調理法ひとつで、危険性を減らすことができます。また食べ方に気をつけていると、体内に危険な物質がたまりにくくなります。

食品用語集（50音順）

遺伝子組換え／バイオ野菜

（いでんしくみかえ）
バイオテクノロジーの研究進化によって、細胞や遺伝子操作により作り出された作物。

遺伝子組換え不分別

（いでんしくみかえふぶんべつ）
遺伝子組換え農作物が使われている場合、あるいは混ざっている可能性のある場合に記載。

うす塩しょうゆ

（うすじおしょうゆ）
通常のしょうゆの食塩分のみを20％以上減らしたもの。

栄養機能食品

（えいようきのうしょくひん）
特定の栄養成分の補給・補完を目的として、国が定める規格や規準に従い、指定された栄養成分の機能表示をした食品。国の許可は必要ない。現在、機能表示できる栄養成分はカルシウム、鉄などミネラル類５種類とビタミンC、葉酸などビタミン類12種類。

減塩しょうゆ

（げんえんしょうゆ）
特別用途食品（病人用）の許可を得たもの。100ｇ中のナトリウム量が3550㎎（食塩として９ｇ）以下であるもの。

健康補助食品

（けんこうほじょしょくひん）
厚生労働省のもとに設定した品目別規格基準に基づき、（財）日本健康・栄養食品協会の審査を受け、合格した健康食品のこと。栄養成分の含有量を表示することはできるが、その効果や効能についての表示は禁止されている。

減農薬

（げんのうやく）
農薬使用を通常の５割以下で栽培をすること。

合成着色料

（ごうせいちゃくしょくりょう）

化学的に合成された色素。合成着色料に含まれる色素には、天然系色素を抽出し、それに化学的な処理を行ったものも含まれる。

消費期限

（しょうひきげん）

未開封の状態で、記載されている保存方法に従って保存した場合に、品質が保持される期限のこと。弁当や総菜など品質の劣化が早い食品（おおむね５日以内）に記載されている。品質の劣化が早いことから、この期限を過ぎると衛生上の危害が生ずる可能性が高まる。

賞味期限

（しょうみきげん）

缶詰やスナック菓子など品質が比較的長く保持される食品に記載される。品質の劣化が遅いことから、この期限を過ぎても、すぐに食べられなくなるわけではない。

食品添加物

（しょくひんてんかぶつ）

食品の加工や保存の目的で食品に添加、混和などの方法によって使用するもの。食品を加工したり保存したりするときに使う、調味料、保存料、着色料などをまとめて食品添加物という。

成分無調整

（せいぶんむちょうせい）

生乳の乳脂肪分を調整しないこと。

低温殺菌

（ていおんさっきん）

一般的な牛乳は、生乳を約130度で２秒間殺菌するが、低温殺菌牛乳は、もっとも低い温度65度で30分間、加熱殺菌された牛乳のこと。

低脂肪
（ていしぼう）
脂肪分を少なくした乳のこと。

特定保健用食品
（とくていほけんようしょくひん）
身体の生理機能などに影響を与える保健機能成分を含む食品（例えば、血中コレステロールを正常に保つことを助けるなど）。健康増進法に基づき、有効性、安全性において国の許可または認証を受けたものにつけられる。保健の用途、過剰摂取の防止について記載義務があり、医薬品と誤解されるような治療、予防を目的とするような表現は認められていない。

特別用途食品
（とくべつようとしょくひん）
健康増進法に基づいて、病者用、妊産婦用、乳児用、幼児用、高齢者用など特別の用途に適する表示をして販売する食品。国の許可を受けた食品のみ表示することができる。

ナチュラルウォーター
特定水源から採水した地下水が原水となるもの。ろ過、沈殿及び加熱殺菌以外の処理を行わないもの。

乳脂肪分
（にゅうしぼうぶん）
たんぱく質、乳糖、ミネラルなど、牛乳の脂肪分そのものを指す。

ノンカロリー
糖類やたんぱく質、脂質がふくまれていないことを示す。基準では食品100gあたり、5キロカロリー未満なら「ノンカロリー」の表示が認められている。

ミネラルウォーター
ナチュラルウォーターを原水とし、ろ過、沈殿、および加熱殺菌以外に、複数の原水の混合ミネラル分の調整・ばっ気・オゾン殺菌・紫外線殺菌などの処理を行ったもの。

無脂肪固形分
（むしぼうこけいぶん）
牛乳から水分と脂肪分をひいた値。たんぱく質、炭水化物、ミネラル、ビタミンなどのこと。

無農薬
（むのうやく）
農薬を使用しないで栽培すること。肥料については問わないので、化学肥料やその他肥料の使用は可能。

有機加工食品
（ゆうきかこうしょくひん）
原材料には、主として有機農産物・有機畜産物・有機加工食品を使用。加工には、主として物理的・生物的方法を用い、食品添加物や薬剤の使用は避け、また薬剤により汚染されないように管理された工場で製造された食品。

有機畜産物
（ゆうきちくさんぶつ）
飼料は主に有機農産物を与え、野外への放牧などストレスを与えずに飼育された畜産物。抗生物質等を病気の予防目的で使用せず、遺伝子組換え技術も使用していない。

有機農産物
（ゆうきのうさんぶつ）
種まき、または植え付け前２年以上、禁止されている農薬や化学肥料を使用しない田畑で生産し、遺伝子組換え由来の種苗は使用しない。原則として農薬・化学肥料を使用しないで栽培された農産物。

おわりに

雲の流れ、水の流れ、風の流れを語るシェフ

「山形県鶴岡市に、ちょっと変わったシェフがいる」と人づてに聞いたのは、3年ほど前のことです。

変わったシェフとはどんな人物なのか。どうしても知りたくて、アル・ケッチァーノで開催された私たち協会が主催したツアーに参加しました。集合場所の鶴岡駅で待っていた大型バスにはガイドさんも同乗。バスが動き始めると、ガイドさんは庄内の雲の流れ、水の流れ、風の流れなどを滔々《とうとう》と語り始めます。地域の歴史的背景、自然環境、ここで受け継がれてきた食材など、その後も続く興味深い話を聞いているうちに、私はようやく気付きました。コックコートを着たそのガイドさんこそ、ちょっと変わったシェフこと、奥田政行さん本人だったのです。

まず驚いたのは、どこに行っても、すぐにその場で食べること。自分の気になる食材は、迷わず食べる、何でも食べる。聞けば毎朝、畑や市場を回り、自分の目と舌で確認してから食材を購入するのが日課だというのです。

食材の味、たとえばリンゴならリンゴの、トマトならトマトの、だいたいの味は想像つきますね。ですが奥田さんは、育った環境やその日の天候などによって、同じ食材でも毎日、味が変わるといいます。それによって塩の加減や合わせる食材を変えたりする

日本ベジタブル＆フルーツマイスター協会
理事長　福井栄治

のだと教えてくれました。

世間一般の概念にとらわれない物事の考え方にも驚きました。おいしい牛肉の話をするというので、山形ならば米沢牛や山形牛といったブランド肉のことだろうと思っていたのですが、「赤身の肉は、庄内のホルスタインがいちばんおいしい！」というのです。もちろんブランド肉ではありませんが、奥田さんは自分の舌で確かめた結果だと断言するので、アル・ケッチァーノでその牛肉料理をいただきました。奥田さんの話は間違っていないと納得できました。

毎日、畑に行って食材を選び、その日のメニューを決める。料理人なら当たり前のことかもしれませんが、日々、同じことを繰りかえすのはとても大変なこと。奥田さんはその基本を決しておろそかにしないし、だからこそ、とっても魅力的な料理を作り続けることができるのでしょう。

奥田さんがこれまで身をもって体験し、蓄積してきた食材に関する情報が、この本にはいっぱい詰まっています。おばあちゃんの知恵ならぬ奥田シェフの知恵を、みなさんもぜひ参考になさってください。料理を作ること、食べることが、もっともっと楽しくなると思います。

AD　阿部美樹子（気戸）

デザイン　阿部美樹子　宇都宮三鈴

撮影　長谷川　潤（hinemosu studio）

校正　吉田悦子

取材協力　木村正晃（野菜ソムリエ）、川邉和之（松 弘）、菊本　肇（亀本商店）、
村山弘晃（築地魚市場）、丸山　完（クックミートマルヤマ）

撮影協力　㈱主婦の店 鶴岡店

プレゼント提供　庄内産豚肉　㈲ JA全農山形畜産部　☎0234-45-0455
オリーブオイル「キヨエ」　㈲株式会社バロックス　☎0120-55-8694
月の雫の塩　㈲アル・ケッチァーノ　☎0235-78-7230
藤沢カブ　後藤勝利（生産者）　㈲元青果　☎0235-66-5901

DTP　昭和ブライト

PD　仲山　遵（凸版印刷）

取材構成　川野達子

編集　木村順治（小学館）

奥田政行の食材スーパーハンドブック

2009年7月6日　初版第1刷発行

著者　奥田政行

発行人　黒笹慈幾

発行所　株式会社 小学館
〒101-8001 東京都千代田区一ツ橋2-3-1
電話　編集 03（3230）5550
販売 03（5281）3555

印刷所　凸版印刷株式会社

製本所　株式会社若林製本工場

Printed in Japan

　ISBN978-4-09-310766-2